LES CHEMINS DU RÊVE

Journal de Bord
sentimental

De Toulon à Takou — Dans le Pe-tchi-li
Au Japon — Du Yang-tse au Mé-kong

PARIS

ALPHONSE LEMERRE, ÉDITEUR

23-33, PASSAGE CHOISEUL, 23-33

M DCCCCV

LES CHEMINS DU RÊVE

———

Journal de Bord

sentimental

JEAN DE LA JALINE

LES CHEMINS DU RÊVE

Journal de Bord

sentimental

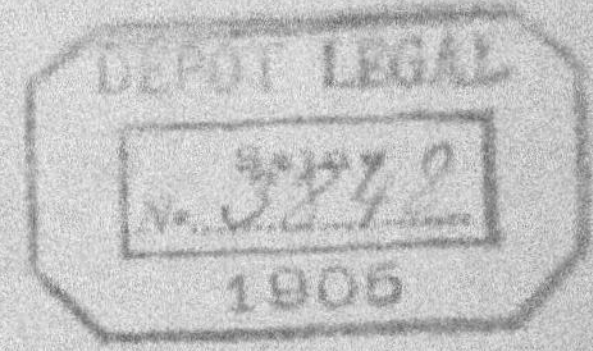

PARIS

ALPHONSE LEMERRE, ÉDITEUR

23-33, PASSAGE CHOISEUL, 23-33

M DCCCCV

A Madame la Comtesse

V. D'ADHÉMAR DE CRANSAC

PREMIÈRE PARTIE

DE TOULON A TAKOU

I

DE TOULON A PORT-SAÏD

Mercredi 10 juillet 1901.

Nous avons fui comme des voleurs sur la rade déserte. Personne pour nous dire adieu. Aucun bateau pour nous envoyer le salut de la France dans une vibrante sonnerie de clairon. Comme je sens que nul lien ne m'attache à ce port! Je ne parle pas des amis; on se sépare, on se retrouve, un départ ne compte pas vis-à-vis d'eux. C'est la beauté de nos amitiés de marins que la distance ne les affaiblit jamais. Ce qui nous attache à une terre, c'est la famille ou l'amour. Il y a longtemps que je suis parti pour la Chine.

Nous voici hors de Toulon. Des fumées lointaines évoquent cette escadre où je viens de vivre deux ans. Sans doute, c'est encore une de nos sorties mensuelles ; nous reviendrons demain dans cette rade d'Hyères dont la passe nous invite ; nous reconnaîtrons la Bonne Mère, le cap Cépet, les coquettes villas du cap Brun... Mais le *La Bourdonnaye* dédaigne les « Iles d'or » ; il s'enfonce dans l'étendue vide, dans la nuit bleue. Les phares nous envoient le dernier adieu de la côte qui s'efface : et ma pensée va plus loin, vers Nice toute fleurie, vers celles qui mirent un peu de soleil, de noblesse et de grâce dans mes songes de cet hiver.

Jeudi 11.

Nous avons passé Bonifacio, la Corse a disparu. Plus rien sur la mer... que notre sillage, sur lequel planent des mouettes : route infinie qui va plus loin que l'horizon, où ?..... vers qui ?...

Vendredi 12.

A onze heures nous sommes au milieu des Lipari. Des nuages les encapuchonnent. Le

Stromboli n'est qu'un cône pâle à l'horizon. Il y a deux ans, nous passions à ses pieds, par une journée radieuse qui noyait de lumière les vignes et les vergers suspendus à ses flancs. Aujourd'hui tout est gris ; nous approchons du Phare sous une pluie torrentielle. Mais il y a malgré tout de la lumière dans l'air. Voici qu'elle vêt d'un manteau violet les belles îles brusquement jaillies de la mer aux nuages. La pluie dissipée, elle pose des taches de soleil sur Pezzo, Reggio, et les villages qui s'accrochent aux monts dénudés de Calabre. Elle tend un rideau de rayons devant Messine, voluptueusement couchée au pied des premières pentes de la Sicile.

La Sicile ! il y a dans ce nom une mélodie jeune et délicieusement païenne. Les dieux ont déserté les campagnes ravagées et les fleuves taris de la Grèce. La Sicile est restée belle comme au temps où les nymphes nouaient leurs rondes sur ses bords. Les bergers de Théocrite mènent encore leurs troupeaux au son de la flûte de Daphnis. Le soir, quand les orangers enivrent, de brunes filles doivent s'égarer parmi les sentiers verts, aux bras

d'amoureux beaux comme les dieux antiques.
Elles ont les prunelles ardentes et les sombres
chevelures dont rêvaient les immortels. C'est
dans l'éternel printemps de Sicile qu'ils sont
descendus le plus souvent. Les vierges y étaient
plus belles et plus fières que dans l'air amolli
de Cnide ou d'Amathonte. Là-bas ce n'était que
la volupté, ici c'était l'amour.

... Dans l'atmosphère purifiée, le coucher
de soleil s'est nuancé de teintes nostalgiques.
L'île s'abaisse, nous dépassons Spartivento, et
la nuit vient. Nous n'aurons pas aperçu la
lueur de l'Etna, l'œil du Cyclope qui veille sur
la terre charmeuse et la châtie parfois si rude-
ment.

Dimanche 14.

A quatre heures du matin : une dentelle
mauve sur l'horizon clair du levant : la Crète.
Elle pâlit et s'efface dans la lumière qui inonde
le ciel et la mer. Encore un fragment de la
Grèce mythologique. Des nymphes ont erré
sur les pentes de l'Ida, à l'époque

Où la vie était jeune, où la mort espérait.

C'est encore un peu la patrie, cette Grèce d'où nous est venu l'amour de la Beauté. A mesure qu'elle s'évanouit, j'ai la sensation d'une séparation nouvelle. C'est le suprême adieu de l'Europe pour deux ans; et je songe que derrière ce rideau bleu de montagnes, si léger, si diaphane, j'ai un ami.

... Dans le ciel merveilleusement pur, le soleil est descendu, pâle comme une hostie, avec une douceur et une lenteur infinies, comme s'il regrettait de sombrer. Du haut de la passerelle l'avant du *La Bourdonnaye* apparaît comme un triangle noir de monde. Cela s'avance avec une force irrésistible, mangeant l'épiderme de la mer. Elle est couleur de violette, le ciel aussi. Nous allons vers l'orient, vers la nuit, droit devant nous. Et ce bateau ne s'arrêtera pas. Une puissance inexorable l'entraîne. Ah! revenir en arrière!... Que cherchons-nous là-bas... vers les ténèbres?... La mer est plus mate et plus blême, le ciel plus endeuillé... Couleur de violette!... La couleur des yeux tristes, des yeux d'amantes délaissées, des yeux suppliants de Thaïs... Oh! la nuit, la nuit qui tombe!... Devant nous c'est l'Égypte, les déserts où s'en-

fonçaient ceux qui renonçaient à aimer...
Demain une barrière de sable nous séparera de
cette mer.

Lundi 15.

Le Nil a jauni la Méditerranée. A cinq heures
une ligne de maisons blanches émerge au ras
de l'horizon : Port-Saïd.

La statue de Lesseps, sur la jetée, tend le
bras d'un geste poli : « Donnez-vous donc la
peine d'entrer. »

Voici le port, c'est-à-dire l'évasement qui
sert de bouche au canal. Une forêt de vergues
obliques : tartanes, felouques, chebecs, se
presse le long du quai, que dominent des maisons jaunes rayées de balcons et de vérandahs.
En face, contre la rive asiatique, des navires
sont amarrés. Au milieu du chenal, d'autres
sont en proie à un furieux assaut de démons
noirs, dans un tohu-bohu de chants, de cris et
de poussière. Cela s'appelle : faire son charbon.

... Port-Saïd est toujours le même foyer de
cosmopolitisme pourri, la crépine de cet
immense égout de l'Europe qu'est le canal de
Suez. Dans cet étroit chenal, où le trop plein

du vieux monde s'engouffre vers le Sud et vers
l'Extrême-Orient, où les mêmes navires ramè-
nent un jour cette foule lasse d'exils et de fiè-
vres, qui vient reprendre vie au contact du sol
natal ou s'y coucher dans la tombe des aïeux,
le flot parfois laisse une épave, un peu d'écume :
c'est de cela qu'est faite la population de Port-
Saïd. Les hommes ont des faces jaunes, éma-
ciées par on ne sait quels labeurs ; les femmes,
des visages minés ou impudents. Les vices se
vautrent ici comme les crapauds dans la vase
du Menzaleh. Ceux qui restent se mettent à
l'affût pour exploiter ceux qui passent, admirablement servis d'ailleurs par l'espèce de fièvre
qui règne à bord des paquebots chez des êtres
brusquement jetés hors de leur vie normale,
par l'incognito assuré pour ceux dont le «qu'en
dira-t-on » fait toute la bourgeoise vertu. Ici
tombent vite les badigeons de beauté morale,
et surgissent les bêtes immondes que l'on
nourrissait dans la fange intime du cœur.

... Un paquebot nous a escortés depuis
Bonifacio. Tous les soirs nous apercevions sa
fumée sur l'horizon doré. C'était un compagnon, presque un ami. Il arrive une heure

après nous. C'est le *Djemma*, des Messageries, courrier de Madagascar. Il repart à onze heures du soir. Au moment où il appareille, un camarade me fait remarquer l'atmosphère d'indifférence qui règne sur le quai. Pas un de ces mouvements de sympathie qui font découvrir les têtes, jeter un cri d'adieu, ou agiter un mouchoir, un peu dans tous les ports du monde, vers l'inconnu de la veille en partance pour un voyage lointain. Ici le sentiment de la fraternité humaine n'existe pas. C'est une halte de la vie féroce. On s'approvisionne de charbon, de vivres et de cigarettes sous l'œil rapace de quelque Juif, et l'on s'en va sans laisser ni garder plus de souvenir que le voyageur penché dans une gare à la portière du chemin de fer.

Les maisons de Port-Saïd, construites en bois et en fer, à la hâte, suivant les besoins du commerce, sont bien celles d'une ville où l'on ne s'établit pas pour la vie. On sent que nulle part ici il ne peut y avoir le « home », la douceur du foyer où se sont assis les aïeux. Du passé, personne n'en a dans cette ville. Elle est sortie hier des marécages ; et ceux qui s'y arrêtent ont presque tous intérêt à chercher l'oubli de soi-même et des autres.

Nous nous sommes échoués dans un café-concert de dixième ordre, pour échapper à l'obsession de gamins vicieux et d'ignobles proxénètes. Un orchestre d'Autrichiennes raclait lamentablement des airs d'origine française, sur lesquels des femelles de toute nationalité débitaient des horreurs en diverses langues. Quelques-unes se croyaient obligées à des contorsions explicatives. Quelle ignominie que ces femmes! Dans quelle nuit l'on se sent, loin de toute grâce et de toute beauté! C'est la torture de la soif au désert, quand le mirage fait trembler l'horizon devant les yeux hallucinés, quand on aperçoit des oasis fraîches, où l'on sait qu'il y a des sources et qu'on ne s'y désaltérera jamais...

II

LE CANAL DE SUEZ ET LA MER ROUGE

Mardi 16 juillet.

Du soleil, de la lumière éclatante; nous fuyons entre deux éblouissements. A gauche, l'argent en fusion des dunes de sel; à droite, dans le miroitement du Menzaleh, dans le ciel presque blanc, les vergues obliques des bateaux de Gemileh et quelques voiles en forme d'aile.

A six heures, nous nous amarrons, vers Kantara. Les petits Arabes qui couraient sur les dunes disparaissent; la nuit s'étend sur le désert, l'immense nuit étoilée des pasteurs, belle et calme comme aux premiers jours du monde. Ah! l'irrésistible envie de marcher à l'aventure dans ce silence, jusqu'à être hors de vue de tout être vivant ! Alors se coucher et dormir, la tête sur une pierre, comme Jacob à Béthel. Hélas! nos yeux ont vieilli, nous ne voyons plus les anges descendre et remonter l'échelle radieuse.

Terre de la Bible ! terre des souvenirs divins ! Non loin d'ici se trouvait Tsal l'Égyptienne, et les confins de la terre de Gessen. Là passèrent les marchands qui emmenaient Joseph, puis le vieux Jacob allant chercher l'hospitalité du pharaon. Elle est si belle, cette rencontre du patriarche et du fils de Rachel !

Joseph a dit à ses frères : « Allez dans la terre de Chanaan, prenez-y votre père et revenez vers moi. » En apprenant que l'enfant tant pleuré l'appelle en Égypte, le vieillard se ranime : « C'est assez pour moi si mon fils vit encore : j'irai et je le verrai avant de mourir. » Il se met en route. Joseph, prévenu par Juda, vient à sa rencontre, et, sans pouvoir rien dire, ils tombent en pleurant dans les bras l'un de l'autre : « *Vidensque eum, irruit super collum ejus, et inter amplexus flevit.* »

Nous n'avons pas inventé la tendresse. Nous

avons mis des nerfs à la place du cœur. Il faut être simple pour savoir aimer.

17 juillet.

Ismaïlia, le lac Timsah, les dunes jaunes du Sérapéum, puis l'admirable nappe bleue des Lacs Amers. Du ciel incandescent la lumière ruisselle sur l'eau qui miroite, sur les montagnes d'un rose pâle, sur le sommet tronqué de ce Djebel Miriam, où la tradition veut que Marie, sœur de Moïse, soit montée avec les femmes d'Israël, pour célébrer au bruit des cymbales le désastre des Égyptiens.

Nous rentrons dans le Canal. A gauche, c'est le désert, la plaine de sable, tantôt sans bornes, tantôt barrée de collines ; mais du sable partout, toujours. Au delà, les solitudes de Sur où les Hébreux errèrent quarante années. Désolation immense, silence d'éternité, sous la pluie de rayons implacables que le sol aveuglant réfléchit. Quelques foulées profondes trahissent le passage d'une caravane. Elles se perdent au loin, on ne sait où. La lumière aime ce désert, elle le vêt d'un manteau de rose, de mauve, aux transparences nacrées, aux tendresses infinies. Parfois l'ombre d'un nuage met sur la plaine une brûlure, comme un trou noir dans le sable d'or.

A droite, des montagnes aux contours plus précis, quelques bouquets piqués au bord des flaques marécageuses font pressentir une oasis. La voici : Suez, au bord de la mer d'un bleu plus sombre que le vert des palmiers qui abritent ses maisons ensoleillées, et, là-bas, au bout d'une langue de terre que dessine la voie ferrée, Port-Ibrahim, où plusieurs bâtiments attendent notre sortie. L'un d'eux nous accueille par des hourras ; c'est le *Cachar*, lui aussi à destination de la Chine, et qui répare une avarie.

Nous stoppons pour embarquer des chauffeurs arabes. Trente-six moricauds couleur de charbon, aux yeux brillants, aux dents luisantes. Les uns viennent de Nubie, les autres de Somal. Ils sont recuits au feu du plus généreux soleil et des plus diverses chaudières.

Le caporal seul parle français ; la troupe est à lui, il la recrute, la paie et la manœuvre comme il l'entend. Touchant la solde de tous, il est inutile de dire qu'il s'y taille la part du lion.

... L'Atakah d'un violet sombre se détachait sur un fond lumineux d'or vert, quand nous avons repris notre route vers le sud déjà envahi par la nuit. Avant de m'enfoncer dans la mer Rouge, j'ai envoyé du cœur et des lèvres un adieu à celles qui sont loin. Aujourd'hui il y a du désert entre nous.

18 juillet.

Cinq heures du matin, près du détroit de Jubal. Il y a quatre ans et demi j'étais de quart à cette heure, au même endroit. Mais sur un ciel moins pur se profilait cette dentelle de pics orgueilleux qui forme la chaîne du Sinaï. Le Sinaï!... Je me suis levé pour le revoir. Dans la gloire de l'aurore sa lourde masse se dresse avec une incomparable majesté. C'est bien le piédestal qui convenait à un Dieu. Les paroles de la Bible retentissent : « *Ecce cœperunt audiri tonitrua, ac micare fulgura, et nubes densissima operire montem.* »

... Et dans l'ombre bleue des plaines, au

pied de la montagne qui fume comme une fournaise, la foule épouvantée reflue, courbée
comme les épis sous un vent d'orage, écoutant
au milieu des trompettes la voix terrible de
Jéhovah.

Les tentes des Hébreux ont disparu ; le linceul du désert s'étend autour du Sinaï solitaire.
Parfois quelque tribu de Bédouins nomades
écoute, dans l'air du matin, la cloche du monastère escarpé qui garde la sainteté de ce lieu.

19 juillet.

Chaleur écrasante. La brise vient de l'arrière ;
la vitesse la mange. Dans les machines, la température atteint cinquante degrés. Le ciel et la
mer sont de métal fondu. Le sang, lourd, ne
coule plus dans les artères. C'est la torpeur
invincible des poisons de Circé. Les hommes
sont inertes ; il faut des prodiges d'énergie pour
leur imposer une autorité.

La nuit est aussi chaude que le jour ; l'humidité la fait plus étouffante. On se retourne,
on implore vainement une bouffée d'air, l'im-

possible sommeil. Le matin, une douche d'eau de mer vous ranime par une fraîcheur fugitive. L'eau douce semble sortir d'une bouilloire. Les têtes casquées de blanc ruissellent comme si chacun des casques renfermait le fromage de Don Quichotte. Les divans du carré sont encombrés d'êtres veules, à moitié morts, dans les décolletés les plus variés. On se dispute le courant du ventilateur ; et on boit, on boit !... Mais le corps humain est un alcarazas insuffisant, surtout dans cette atmosphère saturée.

Aperçu à l'horizon les *Deux Frères*, dans le flamboiement argenté de la mer. On devine des terres du côté de l'Égypte. Elles ont de bien jolis noms : Montagnes d'Émeraude, — l'émeraude, couleur de l'espérance, couleur des yeux d'ondines, des princesses de contes de fée, — Montagnes de Bérénice. Bérénice ! ce fut une intrigante dit l'histoire ; mais Racine en a fait une si poétique et touchante amoureuse ! Et la poésie aura toujours raison. Quand on désire de toute son âme être aimé, la pensée de ceux qui aimèrent vous est douce ; on se fait un peu Titus pour adorer Bérénice.

*

20 juillet.

La proximité de la Mecque et de la sainte Caaba ne nous a procuré aucune émotion.

... Cette journée a été atroce. Nos hommes halètent; les Arabes ne tiennent plus dans les soutes. Sur la passerelle le vent souffle au visage la brûlure du khamsin. L'eau que nous buvons est à trente-trois degrés. Je comprends la séduction exercée par les sources jaillissantes du paradis de Mahomet. En revanche je donnerais bien toutes les houris pour un sorbet glacé.

Le soleil se couche dans un nuage de sable cuivré. Quelqu'un chantonne ironiquement : « La brise est douce et parfumée. » Où est *Mireille*, hélas! et les soirs odorants de Provence?...

21 juillet.

A quatre heures du matin, sur la passerelle, dans l'air visqueux, tout le monde somnole, faute d'avoir pu dormir. Les jumelles se braquent sur une ombre qui fuit dans le brouillard : Djebel Teïr. Le jour se lève, sans un souffle de brise. L'orient devient d'or clair, la mer verdâtre sous une buée mauve ; brusquement le soleil jaillit comme une hostie incandescente : et c'est l'impression que donne le voisinage d'un fer rouge.

Les Zebayir montent sur l'horizon. Le chef de timonerie s'agite pour nous montrer ce qu'il appelle « un gros poisson ». C'est un superbe requin marteau. Sa peau est tachetée de blanc. Il nage puissamment, en refoulant l'écume de sa large tête carrée. « Oh ! la sale bête ! » dit quelqu'un. Et le commandant fait jeter à la mer un émerillon, qui d'ailleurs n'aura aucun succès : nous allons trop vite.

Une apparition plus gracieuse nous fait oublier le monstre. Une petite colombe s'est posée à quelques mètres de la passerelle, sur un étai. Sa fine tête noire regarde à droite, à gauche, l'eau argentée qui fuit. Elle semble chercher quelque terre où diriger son vol après ce repos d'un instant sur l'arche vagabonde. La colombe de l'arche ! Elle n'a porté aucun rameau vert. Quand elle s'en ira tout à l'heure, ce sera vers l'Arabie Pétrée, loin, bien loin de la terre où s'attarde mon souvenir...

III

DJIBOUTIL

Lundi 22 juillet.

Nous sommes sortis hier soir de la fournaise.
Au lever du soleil nous mouillons en rade de
Djiboutil. Le ciel est pur, les montagnes
d'Abyssinie se posent comme une dentelle au
fond du golfe de Tadjoura. Au sud s'enfonce
la plaine d'Ambouli, que des taches de verdure
très clairsemées empêchent seules de ressem-
bler à un désert.

Le médecin colonial apporte une nouvelle
désastreuse : nous ne trouverons pas de glace
ici. Toutes les machines sont cassées, on
s'approvisionne avec des boutres qui viennent
de Périm.

Effectivement les cafés refusent d'en livrer. Aussi, le soir, cédant à la violence de nos passions, nous prenons tous le canot-major, dans l'unique but d'aller boire. Tous les négrillons de la colonie savent déjà que nous avons soif; et c'est à qui nous assaillira pour nous conduire au café du Louvre — où il y a de la glace ! — Quelques affiches viennent même à notre rencontre pour nous donner ce précieux renseignement.

Un quart d'heure après, quand, aux sons harmonieux d'un orchestre autrichien, et sous l'obsession de trente gamins qui nous proposent des curiosités, nous réclament des sous ou nous éventent avec du papier d'emballage, nous portons voluptueusement à nos lèvres d'immenses bocaux de liquides multicolores, un cri de désespoir nous échappe : « Cette glace n'est pas fraîche ! »

La vue de l'orchestre, hélas ! n'est pas plus rafraîchissante. Cinq femmes blondes, dont toute la chair visible est transformée en beefsteack mal cuit par les inévitables « bourbouilles », s'escriment, concurremment avec sept individus de l'autre sexe, à dénaturer quelques airs con-

nus d'une façon qui dépasse l'invraisemblance.
La « Marche des Petits Pierrots » devient un
chant funèbre, les guerriers de *Faust* pleurent
la « Gloire éternelle de leurs aïeux », et Mar-
guerite soupire des phrases d'amour à décou-
rager Méphistophélès. Pas besoin d'entendre
les paroles; on comprend tout de suite :
« Voyons, mon petit Faust, tu n'y penses pas !…
avec une pareille chaleur !… Ah ! que je suis
fatiguée ! »

Le patron du café est un Grec. Il pousse des
cris sauvages à la cantonade toutes les fois qu'on
lui demande une consommation. De temps en
temps il s'arme d'une queue de billard et cogne
à tour de bras sur les nègres qui harcèlent ses
clients : excellent procédé pour redresser ses
ustensiles. Parfois un policeman arrive du
poste voisin, une baguette flexible au bout des
doigts; et il faut voir cette envolée de moi-
neaux.

Dans l'instinct de domesticité de ces négrillons, le sentiment le plus développé est celui
des devoirs du maître envers le serviteur. Dès
que vous les avez autorisés à vous suivre, vous
êtes tenu de les défendre. Le petit guide d'un

mécanicien reçoit un coup de baguette; il faut entendre le ton de grave reproche avec lequel il dit : « Toi, blanc, pourquoi toi laisser battre moi? »

Ah! le délicieux farniente de leur vie! Des lazzaroni en seraient jaloux. Quelques sous tombés des paquebots, quelques poissons pêchés à la ligne leur suffisent. Pour un rien ils se jettent à la mer, dénouant le simple pagne qui leur sert de costume et de porte-monnaie, insouciants, légers, comme ces fines hirondelles et ces mouettes grises qui tourbillonnent sur l'appontement, et se laissent tomber à l'eau avec un « flac! » et des éclaboussures.

Ils ont l'air intelligent; quelques-uns vont à l'école. La race n'est pas belle. Elle a la maigreur des chameaux du désert. Des articulations noueuses, des genoux cagneux sur des jambes dépourvues de mollets.

Les dents sont éblouissantes. Ils entretiennent leur blancheur en mâchant de petits morceaux de bois spéciaux, d'une saveur acide. Presque tous ont les yeux rougis par des conjonctivites. Quand ils y ajoutent la décoloration des cheveux par la chaux dont Somalis et Danakils s'enduisent la tête, cela leur donne un étrange aspect d'albinos manqués.

Ils sont très gais, tous ces petits; mais pourquoi leur noire innocence se croit-elle obligée de nous fredonner des chansons de café-concert, voire même des couplets frondeurs sur Déroulède ou Max Régis?...

Mardi 30.

A six heures du matin, en route pour le marché. Il se tient au bord de la ville européenne et du village arabe, sur une esplanade qui domine la sombre plaine d'Ambouli. Les montagnes du Harrar ferment l'horizon. Au milieu d'une caravane de chameaux agenouillés qu'on décharge, des femmes s'agitent. Les étoffes crues de leurs voiles font ressortir l'ébène mat de leur peau. Quelques-unes dissimulent leur visage en nous apercevant. Des bracelets s'enroulent à leurs bras, des anneaux pendent à leurs oreilles. Elles ont une souplesse fière. A côté des beaux Éthiopiens, vêtus comme des pasteurs antiques, s'appuyant avec noblesse sur le bâton qui leur a servi pendant de longues journées de désert, elles évoquent des souvenirs bibliques : Rébecca à la fontaine, près d'Éliézer bruni par les soleils de Mésopotamie, Jacob, Rachel, les patriarches nomades. Les Abyssins ne revendiquent-ils pas une origine sacrée? C'est vers les plateaux d'Éthiopie que Cham, maudit par son père, conduisit ses troupeaux. Ces figures n'ont pas les lèvres épaisses, le prognathisme et le front fuyant des races inférieures de l'Afrique. On y retrouve les traits nobles des races aryennes sous le vernis brun d'un épiderme brûlé.

Un hangar étale, pendus à des crocs, des quartiers de bœuf ou de mouton. C'est ici le coin des bouchers. Ils ont féroce mine. Tant il est vrai que l'habitude de verser le sang, même des animaux les plus vils, donne les stigmates de la brute. De l'animal on passe si facilement à l'homme! C'est l'idée du rouge qui retient ceux qui n'en ont pas l'habitude.

Le grouillement, la vermine et la poussière du marché se prolongent dans le village arabe, dont les cases, assez régulièrement alignées, se développent au pied du plateau de la ville européenne. Cases de branchages et de peaux consues, au fond desquelles se laissent entrevoir des formes encore endormies. Les plus belles affirment une ignorance absolue du confortable, de tous les raffinements de ce luxe qui devient de plus en plus une nécessité chez les races perfectionnées. Quelques jarres, un brasero, des nattes pouilleuses : tel devait être le mobilier il y a deux ou trois mille ans. Une cabane plus vaste, divisée par des cloisons de branchages en plusieurs compartiments livrés à toutes les indiscrétions, nous représente un hôtel. D'une autre, très fermée au contraire, s'échappe une fumée d'encens. « Ça, dames noires, » dit un de nos guides. O Aphrodite! blanche vision des matins lumineux de la Grèce, qu'avez-vous fait de votre lit d'écume nacrée?...

La ville européenne s'est considérablement développée depuis cinq ans. Je dis européenne, plutôt que française, car il y a à Djiboutil, indépendamment de l'orchestre autrichien, un élément considérable de Grecs et d'Italiens. Les Français sont presque exclusivement des fonctionnaires. Les belles boutiques sont tenues par des Arabes ou des Malabars.

Le progrès de la colonie est dû à l'extension

de nos rapports avec Ménélick, et surtout aux espérances fondées sur le chemin de fer du Harrar. Il a déjà cent quinze kilomètres. Le manque de fonds en ralentit les travaux. On a eu beaucoup de mal à triompher de l'hostilité des indigènes qui voyaient en lui la ruine de leurs caravanes. Il a fallu leur expliquer qu'une ligne d'exploitation comme celle-ci ne supprimerait pas le trafic déjà établi, mais donnerait naissance à des cultures et à des industries nouvelles dont elle drainerait les produits. Ils ne sont pas bien convaincus.

Du succès de l'entreprise dépend l'avenir de Djiboutil, et peut-être la ruine de Zeilah. Aussi les Anglais ont-ils offert d'acheter la ligne. On a refusé. Le gouvernement soutiendra-t-il les constructeurs de ses capitaux?... En France l'appui moral ne suffit pas. Le patriotisme de nos bourgeois ne va pas jusqu'à leur bas de laine.

Les gouverneurs de Djiboutil ont confiance dans leur colonie, ils ont réussi à la doter d'un système complet de fontaines, et ils essaient d'y acclimater quelques cultures d'Europe.

Un déjeuner nous a réunis autour de la table

de M. B..., un aimable hôte, et un homme de valeur, qui repose de la silhouette falote de son ducal prédécesseur.

Il nous a accueillis avec la satisfaction que peut éprouver un demi-dieu à descendre un instant de son piédestal, pour absorber sans raideur officielle le nectar connu sous le nom de champagne frappé.

Il habite une construction étrange et lourde, au bord de la mer. Deux tourelles, coiffées de toits pointus, et des vérandahs de bois font songer à quelque fabuleux colombier. C'est un très beau palais de roi nègre, et c'est suffisamment considérable pour imposer à des cervelles primitives le sentiment de l'autorité.

Une vaste salle à manger, merveilleusement aérée, le balancement rafraîchissant des pankahs, des consommations glacées de premier choix, et la correction du service assurée par deux policemen nègres et un Arabe en costume hindou, ont bien vite dissipé les inquiétudes que l'aspect extérieur du monument aurait pu nous donner.

Après le déjeuner on part pour le « Jardin ». La voiture du gouvernement, attelée de deux petits chevaux indisciplinés, nous mène, à travers la plaine, semée d'arbustes aussi rares que les ânes et les chameaux, vers un terrain moins désolé, verdi par des tamarins et des grenadiers. Un cheval et deux nègres s'évertuent, l'un tournant, les autres pompant, à extraire quelques gouttes d'eau saumâtre de citernes presque desséchées. Çà et là rampent des melons et rougissent des grenades ; un tapis de pourpier promet quelques salades. Cinq ou six oiseaux essaient de s'illusionner sur cet éden. Le gardien ou jardinier en chef en est très fier. Après tout, les jardins d'Alcinoüs ne valaient peut-être pas beaucoup mieux.

Au retour, deux objets rompent seuls l'immense platitude du paysage : le *La Bourdonnaye* posé sur la mer calme, et un chameau mélancolique, à silhouette d'autruche, qui le considère avec hébétude dans les rayons du soleil couchant.

La nuit nous a trouvés en plein golfe d'Aden, en route vers Colombo.

IV

LA MER D'OMAN

Une journée et deux nuits de beau temps, puis le vent fraîchit, la mer se lève. Nous entrons dans la mousson en franchissant le méridien de Guardafui. Cap sinistre où les naufrages ne se comptent plus. La preuve en est dans la convention consentie par les autorités européennes avec les nègres de la côte. Tout bâtiment échoué leur appartient, à la condition de faire reconduire les passagers à Aden par les boutres du pays. C'est en cette saison que les sinistres sont le plus fréquents, dans l'indécision où les vapeurs accumulées laissent les hautes terres de Ras Hafoun. Les brumes nous ont voilé Abd'-el-Kuri et la massive Socotra.

Cette traversée de l'océan Indien, si merveilleuse à certains moments de l'année, par les calmes bleus, aux nuits ruisselantes d'étoiles, a été cette fois un supplice. Des roulis énormes, le *La Bourdonnaye* transformé en boîte close, assez étanche pour retenir de l'air irrespirable et des odeurs atroces, mais non pour empêcher la mer d'envahir les batteries et les chambres. Nous avons vécu trois jours dans un marécage, privés de sommeil, asphyxiés par la poussière de charbon. Le quatrième jour, comme dans la chanson, les vivres mêmes vinrent à manquer. Heureusement nous avions atteint les calmes relatifs de l' « Œuf de Taylor »; on a pu ouvrir les sabords à l'air et à la lumière, secouer cette existence de végétaux.

Le 28, dimanche, à sept heures du soir, la brise apporte sur la passerelle la nostalgie des vieux airs bretons qui rythment les danses de l'équipage. Le 29, c'est Minicoï qui montre son feu, vers huit heures. A minuit, il a disparu. Seules, dans le clair de lune, brillent les lueurs lointaines et pâles de deux paquebots que nous dépassons. Et sur la passerelle de ce navire qu'une force inconsciente pousse toujours plus loin dans cette belle nuit, la vision s'évoque, obsédante, de quelque pur visage que je ne reverrai sans doute jamais.

V

COLOMBO

Mercredi 31 juillet.

Nous nous sommes amarrés tant bien que mal en barbotant dans la vase. Sans qu'on ait amené une coupée ni autorisé personne à monter à bord, les batteries sont envahies par une nuée de blanchisseurs et de charbonniers. Par où sont-ils passés? Mystère. Les premiers vous tendent déjà des centaines de certificats, les autres commencent à créer autour du bateau une opaque atmosphère de poussière noire.

La rade n'a pas changé depuis quatre ans. C'est la même animation commerciale, le même va-et-vient de navires, le même grouillement d'Hindous enturbannés et reluisants, dans les fines pirogues à balancier.

Noirs de peau, noirs de charbon, cent cinquante Cynghalais gesticulent et vociferent le long du bord, dans de noirs chalands. Les notes aiguës d'une sorte de cornemuse se mêlent au brouhaha général. Ce sont des jongleurs qui vous apportent l'inévitable serpent à sonnettes, et le sac de sable où ils feront pousser sous vos yeux un petit manguier, à l'instar des fakirs.

On construit une jetée pour achever de fermer le port. Et les dépôts de charbon s'allongent sur le rivage, comme pour vous emprisonner dans une sorte de monde noir, loin des cocotiers qui verdissent au-dessus des cases de bois et des petits temples, loin de la mer qui déferle sur le môle en gerbes d'écume.

A terre, gardons-nous de prêter l'oreille aux supplications des joailliers et des marchands de curiosités. Vite, des pousse-pousse, et en route sur la terre rouge des allées, au bord des étangs où s'inclinent d'exubérantes verdures. Malheureusement le vent souffle, ride et transforme en nappes d'argent les nappes d'émeraude. Ce n'est plus cet air lourd de parfums, cette torpeur faite de lumière trop chaude, de sève trop épanouie, cette lassitude voluptueuse où la nature semblait pâmée jadis. Mais les allées sont encore d'immenses charmilles pleines d'ombre et d'aromes. Ce sont les mêmes éphèbes aux membres délicats et souples, à la taille svelte, à la poitrine ronde, qui passent sous la voûte de feuillage. Ils ont, comme les femmes, de longs cheveux fixés par un peigne d'écaille. Et quelques-unes des Cynghalaises qui nous croisent, des colliers et des bracelets brillant sur leur cou flexible et leurs bras polis, ont la grâce noble des canéphores, les grands yeux de velours humide des bayadères et des apsaras.

Des villas se blottissent amoureusement sous les arbres, comme la cabane de Lakmé; çà et là éclatent les clochettes de dentelle rouge des hibiscus. Il flotte sur toute cette terre un parfum de cannelle et de santal.

Nous irons passer la soirée à Mount-Lavinia, loin des cheminées noires et de l'atmosphère militaire du *La Bourdonnaye*. Une victoria attelée d'un cheval étique nous emporte. Après de grandes casernes admirablement aérées et

pourvues de pelouses où les soldats d'Albion
retrouvent le cricket natal, voici une allée rouge,
au bord de la mer, qui paraît être les Champs-
Élysées de l'endroit. Des voitures de maîtres,
quelques cavaliers et des amazones passent au
petit galop; tandis que, sur les bancs, des nourrices et des bonnes d'enfants exposent à l'haleine
vivifiante du large les jeunes héritiers confiés à
leurs soins.

Nous sommes bien vite dans la forêt, ou du
moins dans cet immense parc semé de villas et
de cabanes qui constitue le véritable Colombo.
Les boutiques se pressent d'abord le long de la
route, quelque peu sordides, encombrées de
vieillards et d'enfants mal lavés. Çà et là deux
yeux admirables éclairent cette misère d'un
rayon de beauté; mais les femmes sont outra-
geusement et uniformément habillées, par-dessus un jupon de madras voyant, d'une camisole
blanche, évidemment imposée par la fausse et
inesthétique pudeur des Anglais.

Quelle beauté de type chez ces Hindous qui
vous croisent, quelle fine élégance de formes,
comparativement à l'ossature chamélique des
nègres de Djiboutil! La foule augmente, et la

voiture avance avec peine. Nous entendons des chants bizarres et les notes criardes de cornemuses lointaines. C'est une procession bouddhiste. Elle arrive, hérissée d'oriflammes et de dais. Sous l'un d'eux s'avance une statue de Bouddha, couverte d'un manteau doré et de pendeloques. Mollement assis dans sa fleur de lotus, il respire l'encens de quatre torches parfumées, tandis que des prêtres l'éventent avec de longs écrans de plumes blanches. Il domine avec sérénité la cohue ardente qui s'agite au milieu des prières et des cris, coupés par le fausset suraigu des cornets à bouquin. Ce flot de vie et de couleur s'écoule dans une poussière dorée qui embaume l'encens et le santal.

Voici la porte monumentale du bois sacré où s'élève le temple. Des milliers de gens s'y pressent sous les grands arbres, contenus çà et là par de longs cipayes en livrée britannique. Au loin des torches brillent; l'air est saturé de parfums violents.

Peu à peu, le long de la route, les boutiques se font rares. Il n'y a plus que des habitations privées, blotties sous les feuillages au bord de calmes étangs. Quelques-unes détonnent dans

les verdures chaudes par un horrible badigeon
bleu. De loin en loin se dresse une petite église
protestante, à l'air pauvre, étriqué, glacial, au
milieu de cette nature jeune et exubérante. On
songe à quelque vieille fille parcheminée prê-
chant les doctrines de l'armée du salut aux
courtisanes de Paul Véronèse. Elles ont l'air
honteux. Elles n'ont pas pour se vêtir les cieux
froids et les brouillards ternes de leur patrie ;
on les sent dépaysées. Il flotte ici une atmosphère tellement païenne ! Toute cette nature
gonflée de sève semble prête à se pâmer de
volupté. Dans la lutte de l'esprit et de la chair,
tout favorise ici cette dernière. Tout invite à la
nonchalance et à l'abandon, qui conduiront par
une sorte de mysticisme sensuel à la béatitude
anéantie d'un nirvana d'amour.

Aimer ! aimer ! c'est ici qu'on se sent l'âme
envahie d'un attendrissement lâche et d'une
infinie lassitude. Dans cette paix du soir qui
tombe, dans les reflets d'or de ce ciel où le
feuillage des grands cocotiers découpe ses pal-
mes assombries, une chaude soif vous vient aux
lèvres, et la solitude est amère.

Tu m'as donné le plus doux rêve
Qu'on puisse avoir sous notre ciel...
Tu m'as dit des mots de tendresse
Que les Hindous ne savent pas...

C'est le murmure passionné de Lakmé mourante ; et si je ne crois pas que les races de l'Inde aient eu besoin qu'on leur apprenne l'amour, je me suis dit cent fois que cette forêt parfumée était un cadre merveilleux pour s'y bercer de tendresses infinies, pour y chuchoter les paroles qui versent de l'extase, qui descendent comme des baisers sur la chair vivante du cœur.

Elle est bien loin, celle à qui je pourrais les dire !... Après avoir franchi deux arroyos, où le crépuscule agonise dans une orgie de verts et de mauves sur la nappe infiniment calme des eaux, j'ai laissé fuir la voiture pour être seul. Nous nous sommes enfoncés dans un sentier sauvage ; la nuit est bleue et verte, chaude et parfumée. Le bruit de la mer arrive assourdi par les ramures. D'innombrables lucioles s'allument et s'éteignent aussitôt : rêve insaisissable comme le bonheur...

... Un Hindou s'est attaché à mes pas. C'est

un employé de Mount-Lavinia-Hôtel. Il paraît
que nous sommes arrivés. On débouche au
pied d'un petit monticule où se devinent dans
l'ombre de vastes hangars : c'est un camp de
prisonniers boërs. On traverse la voie ferrée,
et, par un escalier voûté de feuillages, on atteint
la plate-forme où l'hôtel se dresse, en face de
la mer.

De grandes salles bien aérées, encombrées
de rocking-chairs, et de fauteuils articulés où
l'on peut prendre pour la sieste les positions les
plus américaines; une salle à manger claire,
ornée de simili Vénus de Médicis — que diable
viennent-elles faire dans cette galère? — et
peuplée de Cynghalais en chignon, vêtus de
smokings blancs, mais sans souliers ; des chambres vastes aux lits très durs, nous donnent une
impression suffisante de confortable pour nous
décider à passer la nuit dans cet établissement.

Le laisser aller français de nos costumes d'ex-
cursionnistes jure avec les smokings et les
toilettes décolletées des habitués de l'hôtel. Il
n'y a d'ailleurs que deux anglaises dont l'âge
soit digne de bienveillante attention ; et l'une
d'elles, complètement dépourvue de chair,

rentre dans la même catégorie de séduction que les petits temples de la forêt. Après un dîner fantastiquement épicé, on va fumer des cigares sur la terrasse, au-dessus de la mer qui déferle avec fureur.

L'air est tiède et doux, la forêt silencieuse ; là-bas s'allume et s'éteint l'œil du phare de Colombo, au bout d'une plage de six milles bordée de cocotiers. La jeune anglaise blonde se promène au bras d'un jeune bachelier, qui paraît lui raconter des choses pleines de délicatesse. Z... influencé par ce voisinage, la fumée d'un excellent manille et le parfum des fleurs qu'un Cynghalais vient de nous apporter, s'épanche en réflexions attendries sur le pot-au-feu, le foyer domestique, la bonne vie à deux, la pipe du soir, les pieds sur les chenets, etc..., les douceurs du home que les Anglais savent si bien retrouver partout où ils s'établissent, et que notre carrière l'oblige à considérer comme un mythe aussi lointain que le Paradis terrestre, l'Olympe de Jupin ou l'existence du Bouddha solaire.

Pour moi j'aime la mer, ses imprévus et ses fatigues, et si je rêve parfois d'une main fraîche

sur qui appuyer mon front le soir, j'aimerais
aussi sentir vibrer dans la tempête, dans toutes
les folies et les dangers, le cœur qui ne ferait
qu'un avec le mien. Je ne conçois pas la beauté
ni la noblesse d'un bonheur durable en robe de
chambre et en pantoufles.

Jeudi 1er août.

Départ à six heures du matin pour prendre
le train de Colombo. De la terrasse de l'hôtel
on aperçoit des pirogues qui se détachent de la
côte et bondissent à travers les brisants. Elles
disparaissent parfois sous l'écume ; elles passent à travers les lames ; elles donnent une
enivrante impression d'audace, le vertige de la
mort bravée.

Le train file sous les cocotiers. Les petites
gares portent des noms d'une sonorité particu-
lièrement hindoue. Des Anglais montent : fonctionnaires que leur service appelle à Colombo,
et qui vivent à la campagne, dans la tranquillité
et le parfum des verdures, toutes les heures
que ne réclame pas leur bureau. Comme c'est
plus hygiénique et meilleur que l'existence des

employés de nos villes, qui consiste souvent à
voltiger d'un quatrième étage officiel à un quatrième étage privé, en s'intoxiquant au passage
des miasmes de la rue.

Peu à peu le ciel devient d'argent et d'or
derrière les cocotiers, la forêt humide s'éveille
déjà chaude ; c'est un flamboiement de braise
à l'horizon :

Et l'univers entier reconnut Surya !

Rien de plus lumineux, de plus éclatant que ce
réveil matinal de la vie hindoue. Dans les
étangs, des hommes et des chevaux se baignent,
les torses nus reluisent, les longs cheveux ruissellent ; des femmes passent avec une grâce
plus souple, une démarche plus voluptueuse,
leurs bras cerclés d'argent arrondis vers l'urne
perlée de rosée, drapées de madras et de cache-
mires dont l'aube semble avoir retrempé les
couleurs.

Changement de décor : le *La Bourdonnaye*
est enseveli sous un voile funèbre. A bord tout
est noir. Il y a une couche épaisse de fine poussière, à faire croire au voisinage d'un volcan

qui vomirait du charbon au lieu de cendres, à l'imminence d'un sort plus sombre que celui de Pompéi. On porte la marque de tout ce qu'on effleure. La poussière a pénétré dans les chambres et jusque dans les lits. On respire, on mange et on boit du charbon.

Heureusement le vent du large va nous donner un coup de balai. Nous appareillons à six heures, et nous nous plongeons en roulant dans les horizons sombres où ondulent les grandes houles de la mousson.

VI

DE COLOMBO A SAÏGON

Trois jours de roulis et de brises fraîches. La nuit les grains qui passent forment à la voûte de nuages de lourds piliers noirs sur l'horizon. Les étoiles se montrent à peine; on dirait qu'elles ont peur d'être ternies par l'humidité. Enfin, le 4 août, à la nuit, le phare de Poulo Beras s'allume devant nous. C'est la Tête d'Achem, Sumatra. Le lendemain un air bleu, une lumière jeune, circulent par tous les sabords. Nous glissons sur une mer calme, claire comme le ciel, bordée à l'horizon par une frange de cocotiers.

Il faut deux jours pour aller d'Achem à Singapour. Les courants capricieux de la région

nous ont procuré des surprises nocturnes désa-
gréables dans le voisinage de Poulo Djarra. Le
6, à huit heures du soir, nous donnons dans les
passes, par une nuit claire dont les étoiles riva-
lisent avec les phares et les bateaux très nombreux. C'est ici, comme à Gibraltar, une des
portes de la mer. Hélas! en marchant vers
l'est nous ne trouverons pas les villes blanches
dans la lumière éblouissante; c'est le monde
jaune. En voici le seuil. Adieu la beauté! Le
détroit de Malacca n'a même pas caressé notre
dernier jour des parfums puissants que j'y
respirai jadis. Une lueur vague, puis la lumière
de nombreux feux électriques nous ont révélé
Singapour. La lune est montée lentement,
versant une clarté froide et humide sur la mer
calme, assombrie çà et là par des îles, étoilée
des feux d'une flottille de pêcheurs.

Le lendemain nous nous sentons dans une
autre mer. Les flots du golfe de Siam ondulent
avec une nonchalance lourde. L'air est encore
plus humide et plus chaud.

Le 8 août à midi, nous rangeons les pentes
boisées de Poulo Condore, sentinelle avancée
de la Cochinchine.

Une pluie fine fait la nuit d'encre. Le feu du cap Saint-Jacques la troue comme une lampe suspendue à un fil invisible. On sait que la terre est là, dans cette noirceur impénétrable. Le feu rouge de Cangio saigne dans la brume. Un de nos projecteurs balaie la mer de son faisceau chercheur. Voici la barque du pilote. Stop! Une demi-heure après nous sommes mouillés dans l'estuaire du Donnaï. Nous remonterons demain.

VII

SAÏGON

Vendredi 9 août.

En route à l'aube, sous une bruine chaude. Les palétuviers et les cocotiers défilent sur les rives basses, plongeant leurs racines dans l'eau boueuse.

A huit heures la mer est haute. De la passerelle, on domine à perte de vue la campagne marécageuse. Voici, au delà d'un coude de la rivière, des mâts, une cathédrale, une ville tapie sous les grands arbres et le ciel bas : Saïgon. Je retrouve avec indifférence les silhouettes de la *Triomphante* et des canonnières, le boulevard Charner et la rue Catinat. Il me semble que je les ai quittés hier. C'est même une désillusion que j'éprouve, à constater que la force des impressions dépend presque entièrement de leur nouveauté. C'est aussi une inquiétude. Partir est une façon de s'arracher à soi-même. Quand on arrive dans un cadre nouveau, il faut un certain temps pour ressaisir sa personnalité invariable au milieu des réactions inaccoutumées des êtres et des choses. Si l'on se déplace avant que ce travail d'adaptation soit achevé, on a quelque chance de ne se retrouver dans la nudité de son âme qu'après qu'elle s'est transformée lentement et à notre insu. C'est pour cela qu'on conseille les voyages à ceux qui veulent oublier. Mais ne suis-je pas déjà façonné aux milieux que je vais traverser?... Faudra-t-il encore, solitaire, écouter résonner dans l'ombre l'obsédante question : Où va cette vie?... A quoi bon?... et ne pas avoir la foi inébranlable qui fait dire : Quand même!... Les Mages allaient seuls dans le désert, mais ils avaient une étoile, et ils marchaient vers elle... Moi, je m'en éloigne chaque jour.

... Nous sommes amarrés. Sous le soleil, les lourds feuillages ruissellent encore, les casques des soldats et des matelots éclatent de blancheur. Le bateau est déjà envahi par des centaines de Jaunes : blanchisseurs, fournisseurs, tailleurs, d'autant plus empressés, obséquieux, souriants, qu'ils sont d'un sang chinois plus pur. Des marchands ont déjà installé sur le pont des étalages de comestibles. On se sent dans un port français : il y a des andouilles et des crêpes bretonnes à côté de gâteaux d'aspect très provençal. Une fois de plus, on reste stupéfait de la prodigieuse faculté d'adaptation commerciale de cette race. Sur ce bâtiment de guerre inconnu, ils sont tout à fait chez eux.

Après le défilé des bonshommes jaunes à longue natte, au souple costume de lustrine noire, c'est celui des officiers blancs qui viennent nous souhaiter la bienvenue, respirer un air encore imprégné de France. A cette distance toute froideur ancienne disparaît ; la camaraderie prend les allures et souvent même les sentiments de l'amitié. On est vraiment heureux de se revoir. C'est à qui enlèvera un camarade pour l'emmener déjeuner chez lui, le garder un instant pour soi tout seul, parler des choses de là-bas. Nous sommes des gazettes qu'on s'arrache, de bonnes gazettes qui viennent de France. Ils nous offrent leurs chambres pour la sieste, leurs voitures pour la promenade, leurs boys pour nous servir. Il y en a là qui, à Toulon, se salueraient à peine. C'est un des beaux côtés de notre métier : cette fraternité qui naît de la privation des mêmes douceurs, de l'exil commun, des souvenirs vivants que nous sommes les uns pour les autres. Car dans le domaine du souvenir la distance et le temps ont la même valeur.

Saïgon est enfouie dans la verdure. De l'appontement on ne voit pas la ville. Il faut suivre les bords du fleuve jusqu'à la statue de Rigault de Genouilly, puis jusqu'à la rue Catinat. Cette dernière est le centre du mouvement commercial. Elle va du port à la cathédrale inachevée, qui dresse ses clochers de brique rouge au milieu de vastes pelouses, non loin du palais du gouvernement.

Parallèlement s'allonge l'immense boulevard Charner, dans un terrain conquis sur les marécages. La ville presque entière en est d'ailleurs sortie, et c'est ce qui explique son insalubrité. Une sorte de square relie les deux grandes artères. Il s'ouvre devant un monument d'un goût douteux, mais parfaitement neuf : l'Opéra. Tout ce que l'on peut en dire, c'est qu'il est de style colonial. Les deux génies qui s'accoudent au-dessus de la grande porte ont été figurés dans le costume qui convient au climat et à l'état d'âme des abonnés. On est peu collet-monté dans ce pays-ci. C'est quelquefois dommage, car il est d'un médiocre intérêt de contempler une chair pâle mal pétrie sur un squelette anguleux, ou de sanguinolentes épaules.

Le théâtre ne fonctionne que l'hiver. La saison des pluies, avec sa chaleur humide, rend Saïgon inhabitable. La mortalité des Européens s'accroît en juillet, août et septembre, de façon à inspirer à tous ceux que des affaires indispensables ne retiennent pas un goût irrésistible pour des pays plus tempérés. Ceux qui ne peuvent s'éloigner de Saïgon vont villégiaturer au cap Saint-Jacques. L'air de la mer, toujours plus sain, leur y donne une illusion de fraîcheur.

Aujourd'hui la ville est morte. Quelques silhouettes françaises, presque élégantes, m'ont causé un plaisir fugitif. Maintenant je suis envahi par l'obsession de ces pantins jaunes vêtus de noir, qui passent affairés sous leur parapluie ou leur salacco ruisselant. Les nuages sont bas, il n'y a pas de lumière. Ces visages sont éteints ; ils ont la teinte neutre des murailles qu'ils rasent. En France une impression de jeunesse vient d'une joue rose, de l'éclat des yeux, d'un reflet d'or dans les belles torsades d'une chevelure ; ici tout est jaune, uniformément. Tous ces gens me paraissent vieux. Il semble que le temps ait desséché cette race autant que l'opium. Les quelques Chinois, plus musclés et plus gras, qui travaillent, le torse nu, dans les boutiques de tailleurs ou de cordonniers, donnent par leur chair blafarde l'idée de quelque chose de malsain et d'indécent.

Ces boutiques constituent le plus réel élément d'intérêt de la rue Catinat. Ce sont des salles profondes et très hautes, ouvertes le jour à même la rue, fermées la nuit par des rideaux métalliques. Tout se fait en plein air. Il règne une activité fébrile, qui n'exclut pas la patience et le soin minutieux du travail. Ils sont dix, quinze, assis sur des escabeaux en face de petites tables ou de machines à coudre, courbés

sur leur aiguille, leur alène ou leur ressort de
montre ; et c'est à peine s'ils lèvent les yeux,
sans s'interrompre jamais. Aux heures des re-
pas, ils se réunissent autour d'une table com-
mune, chargée de soucoupes de porcelaine aux
dessins bleus ; leurs bâtonnets à la main, ils
pêchent à droite et à gauche des boulettes de
composition variée. Quand la nuit vient, des
lampes à huile s'allument sur chaque table, sous
des abat-jour d'étoffe légère. Ils travaillent
toujours, presque silencieux. Et comme rien
ne donne mieux l'idée d'intérieur et d'intimité
que ces lampes paisibles chantées par Roden-
bach, on est un peu choqué de les voir briller
ainsi dans la rue. Elles éclairent çà et là quelque
face reluisante, la peau jaune d'une épaule en
sueur, et des moustiques voltigent dans leur
clarté. Les Chinois ne paraissent pas les crain-
dre. L'habitude les a peut-être vaccinés. Peut-
être aussi ces insectes ont-ils pour la chair jaune
la sympathie médiocre que m'inspirent les
femmes de ce pays.

Il y a pourtant des Annamites d'aspect at-
trayant. La tunique de soie noire qui retombe
sur le grand pantalon flottant moule des corps

jeunes et souples. Mais leur grâce élégante touche à la gracilité. La finesse aristocratique des extrémités, presque universelle dans cette race, s'exagère parfois jusqu'à donner l'impression d'une fragilité enfantine, d'une joliesse de bibelot. Quelle que soit d'ailleurs l'élégance des grandes épingles d'or piquées dans les belles coques de cheveux lisses et luisants, il est impossible de se représenter ces chevelures dénouées sans songer que leur flot laisserait à vos mains une sensation visqueuse, à vos lèvres le goût de l'huile de coco ou de ricin. Je n'ai jamais imaginé une belle chevelure que comme un voile embaumé destiné à isoler du monde indifférent le baiser de deux êtres qui s'aiment, ou à blottir le visage qui pleure sur le cœur de celle qui console. Impossible dans ces conditions d'aimer une Chinoise. Comme l'écrivait Troubridge à Nelson : « Qui nous rendra le sourire des femmes de nos pays?... »

Presque toutes les rues de Saïgon sont plantées d'arbres qui s'enchevêtrent, formant une voûte verte, d'où la lumière tombe plus douce. Mais aujourd'hui il n'y a pas de lumière; sous ce ciel qui pleure, les lourds feuillages épaississent l'ombre humide. Ils font retomber sur la terre toute la tristesse de cette journée. Et elle vous écrase. Tout est triste, depuis les bêtes de somme humaines qui s'attellent aux pousse-pousse, jusqu'aux petits chevaux cochinchinois qui ont un air de caniches dans les traits des victorias connues sous le nom de « zidores », jusqu'à ces véhicules étranges, intermédiaires à la voiture cellulaire, au fiacre et au corbillard, que l'on appelle ici des « malabars ». Zidore est une corruption d'Isidore, nom qu'a dû porter jadis un automédon cochinchinois resté le prototype des cochers saïgonnais. Le nom des « malabars » leur vient de la race des premiers conducteurs. Actuellement, les Hindous qu'abrite Saïgon sont presque tous changeurs de monnaie. Dans la rue Catinat, ils occupent de véritables niches creusées dans les murailles, au-dessus du sol ; et là, accroupis sur leur natte, généralement deux par boutique, ils vendent de mauvais cigares et font tinter les lourdes piastres d'argent.

Il règne dans cette rue des odeurs pénétrantes d'encens, de musc et de Chinois. Elles absorbent complètement celle de la terre mouillée et

des plantes. Dans la campagne même, loin de
tous les produits artificiels, un parfum spécial
flotte, qu'on n'oublie pas quand on l'a une fois
senti, et qui est le même sur toute la terre jaune
de Singapour à Vladivostok. C'est l'odeur de la
race de Confucius. Les gens de couleur pré-
tendent que les blancs ont aussi leur odeur
propre, qui ne procure d'ailleurs aucune jouis-
sance à leur sens olfactif. C'est probable ; mais
il semble difficile qu'elle atteigne l'intensité de
celle-ci. La nature entière en est imprégnée.
Quand un tailleur Chinois vous livre un costume, il ne faut pas moins de deux lavages pour
le débarrasser de cette senteur désagréable.
L'odeur de l'air, dans chaque pays, est pour
beaucoup dans la sensation d'exil et d'isolement
qu'on y éprouve. Et voilà pourquoi, en Chine,
elle atteint si vite un degré suraigu.

Il existe à Saïgon une école de fondation récente, destinée à étudier les civilisations et l'art
de ces contrées. C'est l'École française d'Extrême-Orient. Elle possède encore peu de trésors, et je doute qu'elle rivalise jamais avec le
musée de Ghiseh. Mais la civilisation chinoise
est assez antique, et les ruines d'Angkor té-

moignent assez du génie artistique des anciens
Khmers, pour que l'on puisse fonder de sé-
rieuses espérances sur des études conduites avec
méthode par des chercheurs passionnés. Le directeur était absent. Les objets précieux qu'il
possède étant soigneusement renfermés, nous
avons dû nous borner à considérer sans admiration une stèle couverte de caractères incompréhensibles, et des peintures de couleur crue,
représentant un combat de singes sous l'œil
bienveillant d'un dieu cochinchinois. Ces singes
sont bleus et armés de pied en cap. Est-ce la
figuration d'une légende préhistorique? Quelque
disciple de Darwin y verrait une preuve nouvelle à l'appui de sa thèse. Pour nous, trop ar-
riérés ou trop orgueilleux, nous avons fait pour
la fresque comme Carlyle pour Huxley; nous
lui avons tourné le dos.

Le cercle militaire nous a attirés. Il est bien
construit et bien aéré, sur ce plateau relativement sain où s'élèvent la cathédrale, les palais
du gouvernement, la poste et la plupart des
belles habitations saïgonnaises. Pourtant les
visages que l'on y rencontre ont cette pâleur et
ces traits creusés qui révèlent le travail de lente

décomposition produit dans l'organisme par l'humidité chaude de ce climat. En ce moment presque tous les officiers sont au café, comme ils y seront encore après dîner. Ils boivent. Ils n'ont pas le courage de résister à la tentation mortelle. Que faire à cette heure? C'est l'inconvénient des existences trop bien réglées, et trop monotones. La vue des choses nouvelles ne vous incite pas à des études tout à fait étrangères à votre vie, mais nécessaires pour en goûter pleinement le charme. On n'a pas de curiosité. La fatigue inévitable du climat achève d'ôter le goût du travail. On s'ennuie. Cela amène à rechercher la société des camarades. Où se retrouver, sinon au café? Et comme au bout de quelque temps on n'a plus rien à se dire, on boit silencieusement, comme des brutes, jusqu'à ce que l'hépatite ou la dysenterie vous arrache à la Cochinchine, soit par la mort, soit par un simple retour en France. Combien d'officiers, d'ailleurs, même là-bas, dans un climat qui rend le travail facile, y renoncent par suite de l'engourdissement qui provient de la même existence trop réglée par des volontés supérieures ou par des décrets! Ceux-là finissent par perdre la vivacité de l'intelligence ; à Saïgon, ils y ajoutent la ruine de leur santé.

Ce soir, nous avons pris en voiture la route de Cholen. Cholen est la grande ville annamite que Saïgon a détrônée par suite de sa position sur le cours même du Donnaï. Elle est située sur un arroyo pittoresque qui se prolonge jusqu'à Mytho. Il y a très peu d'Européens. Toutefois, vous lisez sur la quatrième page des journaux que M⁽ᵐᵉ⁾ Mignon d'Ambre y tient, près de la gare, un café où ses clients peuvent être assurés de trouver une hospitalité exquise et des douceurs de toute nature. La fidèle Ti-nam la seconde dans la tâche difficile de contenter tout le monde. Je ne sais ce que veut dire Ti-nam ; mais M⁽ᵐᵉ⁾ Mignon d'Ambre, quel nom exquis ! est-ce assez dix-huitième siècle ? Quand on apprend que cette aimable personne a été actrice, on se la représente fine, svelte et parfumée, toute confondue en sourires et révérences dans une adorable robe à paniers. Eh bien, si vous éprouvez quelque déplaisir à contempler une réalité complètement opposée à vos rêves, n'allez pas à Cholen.

D'immenses lanternes de papier peint ou de fer ouvragé éclairent les hautes boutiques, où s'entassent par centaines les jarres et les marmites. Les rues sont larges, très différentes des étroits boyaux qui serpentent à travers les cités chinoises. L'arroyo nous arrête. Des sampans sombres y dorment sous un clair de lune blafard.

Dans la voiture qui me ramène avec B... sur la route silencieuse, nous avons causé de choses de France ; un instant s'est évoquée la figure de quelqu'un dont nous ne parlons guère, mais dont l'image est toujours un peu entre nous, au fond même de notre sympathie l'un pour l'autre, parce qu'elle nous a fait souffrir à tous deux la même souffrance : l'impossibilité de lui trouver un cœur.

Dimanche 11.

Un déjeuner sur ce tout petit bateau qu'est *la Comète*, avec un ancien camarade de *la Libellule*. Mollement étendus sur des chaises longues, sous la tente qui nous protège d'un soleil éclatant, nous causons de ce fin croiseur, si élégant sur les eaux bleues de la Méditerranée, de ce carnaval de Nice où il s'est tant amusé, — où je me suis ennuyé si fort, — de ceux qui ont vécu ou passé dans ce carré si jeune, de celles qui sont venues un jour y esquisser des valses joyeuses, après avoir mis le feu à tous nos canons. Il n'y a pas deux ans. Où sont-ils tous? En France, en Amérique, en Chine... On se retrouvera demain; le monde est petit; mais nous serons un peu plus vieux peut-être. Nous ne rirons plus, saurons-nous sourire encore?...

Pendant ce temps, on meurt. Le prince Henri d'Orléans vient d'être emporté, ici, il y a deux jours, par une dysenterie, compliquée d'un abcès au foie. On a pu lui reprocher les folies d'une jeunesse livrée à elle-même de très bonne heure, les excès d'un sang riche surexcité par une vie très active; mais c'était une figure vaillante et bien française. C'était une énergie au service de la France. Elle le regrettera. Je ne crois pas qu'on puisse faire de quelqu'un un plus bel éloge.

Demain, c'est un commandant d'artillerie qu'on enterre; après demain, à qui le tour?...

La Comète pivote lentement sur la nappe

aveuglante du Donnaï. Après avoir remarqué les armes parlantes : « une comète passant à travers le corps d'un éléphant blanc », qui rappellent le forcement des passes du Ménam, je descends dans le sampan où une Annamite svelte et robuste se cambre avec grâce à chaque coup d'aviron.

Z... me propose une place dans sa voiture. Nous nous faisons d'abord conduire au jardin botanique. C'est la plus belle curiosité de Saïgon. Il y a des arbres splendides, et les allées de terre rouge vous promènent à travers des perspectives qui enchanteraient un paysagiste. Au milieu d'un bassin semé de larges lotus s'élève le kiosque où la musique militaire

Verse un peu d'héroïsme au cœur des citadins.

Tout autour circule une foule blanche ou bariolée ; des femmes au visage flétri par le climat, d'autres qui vous dévisagent avec une effronterie très coloniale, des nourrices et des bébés. Dans le fond, on devine à travers les feuillages une cage immense, où se promènent gravement des marabouts à tête blanche, non loin des compartiments où s'étirent des serpents venimeux. Dans les allées latérales s'entassent pousse-pousse, zidores et malabars.

Nous repartons pour l'Inspection. C'est à la fois les Champs-Élysées et le bois de Boulogne de Saïgon. Quelques attelages de chevaux minuscules, joliment harnachés, emportent les riches fonctionnaires et leurs maîtresses, ou des Annamites de luxe, vêtues de soie légère, parées d'épingles gigantesques et de colliers d'or. Çà et là quelques poneys attelés à des charrettes anglaises; puis le break du Gouvernement, mené à quatre par un sous-lieutenant sanglé dans un dolman bleu de ciel.

Le ciel est bas et triste; sur les arroyos qui s'allongent entre deux berges de verdures ruisselantes une clarté mélancolique meurt. Nous revenons au pas, presque sans rien dire, sans prêter attention aux regards jaunes qui nous effleurent, et dont beaucoup d'ailleurs sont motivés par l'accoutrement de notre « saïs », coiffé d'une vieille serviette et vêtu d'un veston réduit dont les manches partent du milieu du dos. Qu'importe! nous avons si peu de goût à la coquetterie ce soir! nous sommes si loin de tout ce qui peut séduire, d'un peu de grâce jeune et fraîche, d'un beau visage au sourire aimant...

Ce soir, dîner chez un haut fonctionnaire. Nous sommes quatre entassés dans une petite victoria. Survient un déluge. On se met les uns sur les autres, pour qu'il n'y en ait que la moitié de mouillés. On oppose aux cataractes célestes un parapluie, le commissaire et le mécanicien ; et l'on débarque ruisselants devant les laquais cérémonieux et les maîtres d'hôtel empressés. Des tiraillements se sont produits à propos de ce dîner entre les autorités civile et militaire. Ils se reflètent en austérité sur le visage des amphitryons. On se dirige vers la salle à manger. Il est probable que tout le monde est pressé d'en finir avec la situation, car les derniers membres du cortège ne sont pas encore en vue que les premiers absorbent déjà leur potage avec frénésie. On me case entre un résident au Tonkin et M. Beaugenou, fonctionnaire de grade subalterne dont le crâne justifie merveilleusement le nom. A côté de lui se tient un petit monsieur fort désagréable, qui lance des paradoxes de mauvais goût et affiche des opinions très avancées. Ses voisins se pâment : il est évidemment de la maison. Il se livre même à des plaisanteries au moins inopportunes au sujet d'une jeune femme, en parlant au frère d'icelle, un blondin pâle à l'œil éteint, qui sourit d'un air hébété, et que le résident, son cousin, me déclare d'une intelligence hors ligne. Que c'est beau, l'esprit de famille!

La conversation n'est pas très animée, mais les brasseurs d'air électriques suspendus au plafond entretiennent une température supportable.

Au fumoir, le résident, qui aime la marine, m'accapare complètement. A neuf heures et demie tout le monde se disperse. J'aperçois avec stupeur au fond d'un salon Mme et Mlle X... qui ressemblent à des idoles dans un sanctuaire délaissé. Personne ne s'est occupé d'elles. Il y avait d'excellents cigares.

Lundi 12.

Il pleut, tout est noyé. La fatigue interdit le travail. Dieu, que la vie est lugubre!

Cinq heures... j'ai pris une victoria. Je rabats la capote et je relève le tablier. Enseveli dans ce tombeau de cuir, regardant l'eau ruisseler sur le chapeau conique de mon « saïs », je pars pour l'Inspection. Depuis Toulon je n'ai jamais tant senti la solitude. Tous ces visages qui me croisent sont inconnus. Ah ! ceux qui vont à deux, qu'une voiture emporte serrés l'un contre l'autre, indifférents à la pluie ou à la neige, dans la chaude certitude d'un sentiment partagé, comme je les envie ! Avoir une main dans la sienne, un visage souriant dans l'ombre de cette capote fermée !... J'ai froid... Il y a pourtant dans le monde des couples qui sont heureux, que rien ne sépare, dont la vie est une harmonie parce qu'elle est un continuel acte d'amour. Mais, n'y a-t-il pas aussi des êtres marqués pour ne jamais connaître ce bonheur?...

... Il pleut toujours, les arroyos sont tristes. Saïgon est plongée dans une nuit que de misérables réverbères ne parviennent pas à éclaircir. Il y a un proverbe allemand qui dit : « Plus le temps est sombre, plus l'espérance est vive. » Pourquoi n'ai-je pas d'espérance ce soir !...

Mardi 13.

Les Annamites continuent l'embarquement du charbon. Ils ont, pour se passer les briquettes, des mouvements d'une grâce féminine. On dirait qu'ils ont peur de casser quelque chose de très précieux.

A minuit il faut être sur le pont. La nuit est chaude et lourde. Pas une étoile au ciel, pas une voix sur la terre. Des moustiques dansent par centaines autour des lampes électriques. Le fleuve glisse, comme une large route pâle, vers un inconnu de mystère et de torpeur. Qui ne céderait à l'attrait de cette invitation silencieuse au rêve d'un amour mortel?...

Mercredi 14.

Adieux touchants de tous les officiers de la colonie autour d'un cock-tail dégusté avec de longues pailles. Nous descendons le fleuve jaune sous un soleil écrasant. A cinq heures nous sommes dans la mer libre, et le cap Saint-Jacques sombre derrière nous.

VIII

DE SAIGON A TAKOU

Jeudi 15 août.

Le 15 août ! la fête blanche et bleue, la fête virginale. Nous avons l'azur du ciel et celui de la mer. Mais ni l'encens, ni l'orgue, ni les fleurs, ni les enfants, ni les jeunes filles. — Il y a des étoiles sur la mer ce soir... *Ave, Maris Stella !...*

Les matelots ont organisé une petite représentation. Je suis descendu de la passerelle pour tomber sur le pont devant un petit théâtre aux décors invraisemblables, où un brave garçon mal ficelé dans un costume civil disait quelques couplets patriotiques sur le drapeau. Plusieurs officiers occupaient consciencieusement les

« chaises d'orchestre ». Certes ce n'était pas de
l'art, c'était même fort ennuyeux ; mais n'est-ce
pas le devoir de prendre part aux divertisse-
ments de nos hommes autant qu'à leurs travaux? Il ne faut pas qu'il y ait entre nous
d'autre fossé que le respect et la discipline.

A la chanson patriotique a succédé un pot-
pourri du goût le moins douteux, servi par un
des plus mauvais garnements de l'équipage. Il
a eu un énorme succès.

La musique charme à grand renfort de cuivre
les dix minutes d'entr'acte, puis les trois coups
sacramentels retentissent, le rideau rouge se
tire et la pièce commence. Elle est inédite,
composée à bord par deux mécaniciens réalistes.
Elle s'intitule : *Le mauvais agent*. Deux al-
phonses, aidés d'une batteuse de trottoir, font
le « coup du père François » à un poète naturellement amoureux et dans les étoiles. Sur-
viennent deux agents. L'un d'eux reconnaît
son fils dans le chenapan qu'il a arrêté. Scène
pathétique, malédiction, etc... Il laisse filer sa
proie. Nous sommes loin de Brutus. La jeune
première a obtenu un succès de fou rire aussi
énorme que ses appas. Les matelots sont ravis.

Je suis allé songer sur la dunette, et Nice s'est évoquée avec ses élégances de cet hiver, avec ce charme de luxe et de grâce féminine qui nous grise d'autant plus, nous autres marins, que nous l'achetons par de plus longs mois de vie austère et rude dans cette Thébaïde mouvante de l'Océan.

16 août.

A quatre heures du matin, nous sommes dans les parages des Paracels, récifs de corail qui pourraient raconter bien des naufrages. « Un cimetière, » dit le commandant, en ordonnant à la vigie la plus attentive surveillance. Une heure après, au petit jour, on signale un navire à l'horizon. Il n'a ni mât ni cheminée ; sa coque déjaugée se dresse sinistre sur le ciel gris. Il est échoué depuis deux semaines sur le récif Bombay. Nous mettons le cap dessus. Mais des brisants apparaissent, et le changement de couleur d'eau caractéristique révèle la ceinture d'écueils de l'atoll. Il faut aller fort loin tourner la pointe orientale. Le courant nous avait drossés dans l'ouest. Ces têtes de corail

sont un peu l'épée de Damoclès. La nuit, on
n'est jamais certain de ne pas en trouver une
sous sa quille dans l'archipel d'Asie.

17 août.

Z... me rend le quart à minuit au milieu
d'un déluge d'embruns. Le vent souffle avec
rage. Les lames balaient l'avant, allumant des
phosphorescences étranges. L'énorme bateau
vibre, se cabre et retombe au milieu d'un bruit
infernal. Des hommes s'efforcent de mettre en
place un panneau de mer, à dix mètres au-dessous de nous. Inutile d'essayer de leur donner
des ordres. Seul le coup de sifflet strident du
maître de quart parvient jusqu'à la passerelle.
Z... chuchote le mot : typhon. Dans le ciel
noir passent de fantastiques nuages plus noirs
encore. Parfois une étoile s'allume et se voile
aussitôt. Il y a une lutte confuse et gigantesque
dans l'ombre, au-dessous de nous. Le panneau
est en place et l'on revient en route. « Si la
brise tourne, si le baromètre baisse, ou si nous
embarquons davantage, vous me préviendrez, »
dit le commandant. Et il disparaît.

Alors, dans ce vent qui m'aveugle et me balaie à moitié, sur cette mer presque invisible qui nous secoue avec une force effrayante, et parfois jaillit en trombe d'embruns phosphorescents, où l'on plonge comme pour s'engouffrer dans des abîmes, sous cette voûte sans lumière où passent des clameurs effrénées, je me sens une griserie de vivre, cette sorte de merveilleux vertige que doit donner une charge de cavalerie à bride abattue dans le crépitement des balles, mais avec je ne sais quoi de plus grand encore, de plus infini, à cause de la solitude dans ces ténèbres insondables du ciel et de la mer.

Si maintenant ce navire qui se dresse retombait sur un écueil et s'ouvrait, nous engloutissant tous, il me semble que je m'en apercevrais à peine. Ah! l'orgueil d'aimer quelqu'un, de se dire qu'elle dort tranquille sous des rideaux blancs, et qu'une pensée va la chercher à l'autre bout du monde, du sein de cette tempête qui la fait plus pure, plus haute, plus digne d'elle!...

Et pendant quatre heures je songe, les yeux brûlés par le vent et la mer, mais ouverts sur

l'ombre où va peut-être surgir le feu d'un navire. Les lames nous couvrent de leurs éclaboussures; nous sommes ruisselants et nos
visages ont une couche de sel. Sur l'horizon
monte un grain de forme étrange : une sorte
de géant ouvrant d'immenses bras d'ombre
pour nous saisir.

18 août.

Si c'était un typhon, il ne nous a qu'effleu-
rés. Nous glissons sur l'eau bleue et calme dans
le canal de Formose. On devine à peine les
montagnes de l'île au nom charmant. Des
nuages s'y entassent. L'île nous abrite; la tempête doit continuer de l'autre côté.

Le soleil descend sur les Tung-Kuen et sur
Matsou : les groupes d'îles qui masquent l'entrée de la rivière Min et de Foutchéou. Il s'enfonce derrière les montagnes de la Chine. Sur
le ciel, d'un rose tendre et d'un vert mourant,
éclate l'incendie d'un floconneux triangle de
pourpre qui se prolonge vers l'astre abîmé. On
dirait qu'une fée s'est amusée à effilocher de
son peigne un vaste champ de laine rouge. Des

flammes s'allument aux franges pendantes, s'éteignent en laissant la pourpre plus sombre, tandis qu'aux longues déchirures du manteau brillent des coins de ciel d'un bleu insondable. Derrière l'horizon l'astre descend toujours. Les grands rayons pâlissent. La mer rougit sous la voûte sanglante. Brusquement tout se noie dans un flot de violets et de mauves, sur lesquels se découpe la silhouette des îles lointaines. La mer devient lie de vin : puis ses teintes s'adoucissent dans la langueur brumeuse du soir, et le feu de Tung-Kuen s'allume avec les premières étoiles.

19 août.

Mer pâle aux reflets verdâtres sous un ciel indécis. Nous laissons à notre gauche les Chusan embrumées ; le soleil couchant plonge derrière les Saddle couleur d'encre, et nous redressons notre route vers le cap Chantoung.

20 août.

J'ai songé pendant mon quart aux religions de cette Asie, aux vieilles croyances de cet immense peuple, dont nous longeons les côtes depuis cinq jours. A côté de la figure de Bouddha s'est évoquée celle du Christ. Le contraste est singulier. Cakyamouni a vécu et est mort dans la paix, la joie, l'encens et la gloire humaine. Il s'est endormi sous deux rosiers en fleurs. Jésus, qui fut meilleur et plus doux encore, tend les bras du haut d'une croix sanglante. N'est-ce pas la marque surnaturelle de sa mission, qu'il ait été tourmenté et crucifié pour avoir prêché la douceur et le pardon?... L'acharnement des Juifs n'a pas une raison d'être humaine suffisante; il y a du divin là dedans.

22 août.

Nous avons mouillé hier soir à six milles d'une ligne de feux : l'escadre internationale qui garde Takou. A l'aube, grise et lourde, on aperçoit leur fumée sur l'horizon. Nous appareillons pour les rejoindre. Les silhouettes du *Charner*, du *Redoutable* et du *Pascal* se précisent. Il y a un cuirassé anglais et divers croiseurs russes ou italiens. A trois ou quatre milles se dressent les mâts d'une flottille d'avisos, de

jonques et de remorqueurs. On sait que dans la
même direction, au delà, il y a la terre : on ne
voit rien. C'est un mouillage en pleine mer.
De cette immensité jaune émane une impression de solitude et d'ennui sans bornes.

Dans la journée, embarqué un contre-amiral,
plusieurs officiers supérieurs. Une certaine ner-
vosité règne à bord, et la mer devient houleuse.

23 août.

Le *Redoutable* est parti ce matin : parti aussi
le *Charner* qui rentre en France et que nous ne
reverrons plus. On nous confie ce Pe-tchi-li lugubre et jaune. Il pleut lamentablement. Mais
j'ai retrouvé mon vieil ami Z... Il commande un
petit paquebot. Il a de grandes bottes, l'air loup
de mer ; l'air surtout de quelqu'un qui mène une
vie active et virile, faite pour développer cette
personnalité, cette initiative que la monotonie
du service éteint en nous chaque jour.

24 août.

En route pour la vieille capitale du royaume
de Cathay. Nous sommes trois ; nous avons

pris passage sur ce minuscule bateau qui a nom : *Capitaine-Hilaire*, et que commande l'aspirant P. Libres pour six jours !...

La traversée est lente sur la mer grise. Le soleil, qui déchire les nuages en se couchant, y glisse des teintes mauves et dorées. L'horizon recule indéfiniment. Des jonques aux voiles sombres se traînent avec une tristesse lasse. Elles mêlent peu à peu leurs contours sur la mince bande d'or de plus en plus ternie qui s'allonge devant nous. Voici des ondulations brunes au ras de l'eau : les forts de Takou. Quelques instants plus tard nous sommes dans le Peïho. Des feux s'allument partout. Jonques et navires encombrent le fleuve. Sur les rives se développent les bâtiments des installations faites par les puissances alliées. Une heure et demie de navigation fluviale nous conduit chez la France : à Tong-Kou. Des cris frénétiques et des explosions de bouteilles de champagne nous accueillent dans une petite salle enfumée, où midships et enseignes demandent à une gaieté trop bruyante pour n'être pas factice l'oubli de l'exil, le remède à l'ennui qui rayonne de cette terre jaune. La plupart sont là depuis un an.

Ils ont accompli des prodiges d'énergie et d'initiative pour créer cet arsenal de toutes pièces, assurer à Tien-Tsin, sous le feu des Chinois, le ravitaillement du corps expéditionnaire. Maintenant les circonstances extraordinaires ne se présentent plus; ils sont menacés d'enlizement moral dans la monotonie de l'existence et la boue de Tong-Kou, et ils réagissent d'une façon qui sent un peu le corps de garde. D'ailleurs, aussi charmants et accueillants que possible, ils organisent aussitôt un souper en notre honneur, et la soirée se termine dans le tapage le plus effroyable et le plus cordial.

Deux de ces aspirants vont aller rejoindre à Shanghaï la mission Hourst. Ils remonteront le Yang-Tsé jusqu'au Se-Tchouen et jusqu'au Yunnan. Le choix que l'on a fait d'eux est une juste récompense de la peine qu'ils se sont donnée l'an dernier. Elle va leur valoir quatre ans de Chine; mais comme je les envie! Pouvoir faire quelque chose d'intelligent !... Agir !...

Les lits sont minuscules, il faut border sa moustiquaire comme une couverture, pour se défendre des innombrables animalcules qui

hantent les rives du Peïho. Au matin nous
nous apercevons que l'aspirant M... s'est privé
de lit pour nous laisser le sien. Il a passé la
nuit sur une natte, en proie aux bêtes. C'est
d'une générosité de camaraderie devant laquelle pâlit l'histoire du manteau de saint
Martin.

DEUXIÈME PARTIE

————

DANS LE PE-TCHI-LI

I

PÉKIN

Dimanche 25 août.

La gare de Tong-Kou est encombrée de soldats et d'officiers. La ligne est exploitée militai-
rement. Elle appartient aux Anglais, mais, dans,
chaque gare, des factionnaires et des gendarmes
représentent les divers corps alliés cantonnés
dans le voisinage.

Voici des tas de sel recouverts de paillets et
hérissés de pavillons nationaux, puis des baraquements d'infanterie de marine, où des « marsouins » se livrent aux douceurs de la pêche à la
ligne. La voie ferrée s'engage dans d'immenses
marécages, qui miroitent jusqu'à l'horizon dans
le soleil levant.

De Tong-Kou à Tien-Tsin le paysage ne

change guère : vert et inondé. Peu d'arbres, des champs de maïs ou de sorgho, des prairies ; parfois un canal, des jonques, un village au milieu de l'eau.

Des cheminées d'usine révèlent Tien-Tsin. Les villages plus nombreux sont en ruines. Il ne reste que les murs des maisons en pisé. Noircies par l'incendie, éventrées par les boulets, sans toit, sans habitant, elles crient la désolation.

Le train s'arrête près de la concession européenne. C'est là qu'on s'est le plus battu. Un pont de bateaux, jeté sur la branche orientale du Peïho, conduit au bund. La rivière fourmille de jonques. Des soldats passent, bousculant les Jaunes qui ne se dérangent pas. Un traîneur de pousse-pousse, qui encombre un étroit passage entre deux flaques de boue, reçoit une telle poussée d'un factionnaire hindou qu'il tombe dans la mare noirâtre avec son véhicule. Le tout se relève abominablement souillé, avec une résignation écrasée. On passe de la boue la plus profonde à la poussière la plus épaisse ; et partout ce sont des soldats ; un pêle-mêle d'uniformes, une Babel militaire que dominent des inscriptions en toutes les langues de l'Europe. La poussière est grise comme la boue, gris les murs, gris les arbres, gris les coolies malpropres; fuyons cette ville affreuse.

Encore des champs de sorgho, de millet, des étangs, de la platitude. Pourtant, vers Lanfang, nous sortons des marécages. Des fermes s'abritent sous de vieux arbres dans la campagne admirablement cultivée. Le pays prend un air de prospérité et d'abondance. Il ne semble pas que l'on s'y battait il y a un an.

Nous croisons des trains bondés de soldats, un régiment de lanciers du Bengale, un bataillon d'artillerie de marine. Dans les fourgons s'entassent des chevaux et des meubles, que les troupes déménagent pour leur campement, ou qui proviennent de pillages anciens.

D'autres fourgons sont pleins de Chinois. La quatrième classe ne les effraie pas. Ils passent là cinq ou six heures, horriblement serrés, sans abri, sous un soleil brûlant, n'ayant pour sièges que leurs talons. En France il y aurait des membres de la Société protectrice des animaux pour protester contre un pareil entassement de bétail. Ici les gens trouvent peut-être même du confortable dans cette façon de voyager. Les bienfaits de la civilisation sont si relatifs.

Nous n'allons jamais assez vite ; nous sommes impatients et fiévreux. Le Chinois est calme ; il ne tient pas à embrasser l'univers dans sa vie. Quand par nos chemins de fer, nos routes et nos procédés commerciaux nous l'aurons fait à notre image, en sera-t-il plus heureux?... Il y aura autant de misère en Chine, et peut-être leur enlèverons-nous le goût d'une source de prospérité qu'ils estiment assez pour lui avoir élevé un temple : l'Agriculture. C'est l'influence pacifique de la terre qui fait la félicité des peuples. Le progrès de la civilisation peut se mesurer à celui de l'industrie sur l'agriculture ; mais il mesure en même temps la maladie qui mine les sociétés d'occident. Où est le temps où Cincinnatus conduisait lui-même sa charrue? Le monde était-il moins heureux alors?

Ici la vie paraît facile. La terre produit en abondance. A chaque gare les Chinois nous en apportent une preuve nouvelle. Ce sont des paniers de raisins, de pêches, de pommes, des œufs. Ils sont cent, deux cents, trois cents, de tout âge, quelques-uns n'apportant que trois ou quatre fruits. Il y a dix marchands pour un voyageur. Les policemen les chassent à coups de gaule; ils reviennent avec un acharnement de moustiques. Ils mêlent des mots anglais, allemands, français, japonais, appris au hasard du flot hétérogène que la ligne charrie depuis un an. Parfois le grincement d'un violon chinois déchire la clameur de la foule, ou bien c'est la complainte nasillarde d'un aveugle. Des mendiants vous supplient, puis s'éloignent, sans plus remercier d'une aumône que d'un coup de bâton. Dieu sait si la brutalité des Sikhs épargne le contact du bois à leurs épaules.

Une chaine bleue s'élève sur l'horizon, la campagne devient plus variée. Des fermes, de beaux arbres, des enclos, parfois un temple en ruines, le toit recourbé d'une pagode. N'étaient les dentelures caractéristiques de ces montagnes, on se croirait dans un joli coin de France. Tout à coup une muraille crénelée apparaît à travers les ramures, puis une porte monumentale. Un fossé plein d'eau fuit à perte de vue. En un clin d'œil nous passons de la verdure fraîche à la poussière la plus effroyable, que soulèvent des milliers de coolies, de mulets et de voitures : nous sommes à Pékin.

La gare s'allonge au pied des murailles qui enferment le parc du temple du Ciel, dans un coin de l'esplanade qui sépare ce temple de celui de l'Agriculture et que traverse l'avenue de Young-Ting-Men : la Porte du Sud.

Nos bagages nous sont arrachés au milieu d'une bousculade indicible ; on nous jette dans deux pousse-pousse qui partent à une allure folle. Peu importent les dalles disjointes, les crevasses et les fondrières ; nos djins, hurlant, glapissant, courent sans se préoccuper du pêle-mêle où retombent à chaque cahot bagages et victimes, secoués comme des crêpes dans une casserole. C'est le marché du Sud et la ville chinoise. Comme toutes les grandes artères de Pékin la rue est extrêmement large, bordée de maisons d'un seul étage, formée d'une chaussée centrale dallée, et de deux bas-côtés encombrés de tentes, d'étalages, de tables où des Chinois demi-nus discutent et boivent. Des coolies portent sur l'épaule le balancier de bambou qui ploie ; des soldats, des mandarins coiffés du chapeau conique à crinière rouge, se faufilent à l'amble de leurs petits chevaux ; des convois de charrettes roulent avec fracas, les muletiers poussent des cris aigus ; de minuscules roulottes bleues, qui sont les voitures indigènes, étendent sur leurs attelages un tendelet protecteur. Des familles s'y entassent, dans des positions qu'un Européen trouverait aussi intolérables que le supplice de la cangue. Des enfants nus, couleur de brique, trottinent à travers les jarres et les paniers de légumes. Grouillement indescriptible, au milieu des cris, des coups de fouet, des odeurs de friture, de chair jaune et de choses pourries, le tout noyé dans une poussière aveuglante. De temps en temps surgit l'uniforme khaki d'un Anglais, le casque blanc d'un de nos troupiers, le chapeau de feutre des guerriers de l'oncle Sam ou le turban gigantesque d'un lancier du Bengale ; et, dominant les enseignes dorées et les réclames en diverses langues : Au bon marché — ristorante — bar japonais — münchen bear, etc., c'est le rictus ironique des dragons du Céleste Empire, qui grimacent et se tordent aux angles d'un toit vermoulu.

Un triple portique enjambe la rue; puis Tsien-Men ouvre devant nous son double tunnel, que surmontent les constructions ruinées par les Boxers.

Nous sommes au pied de la muraille qui enferme la ville tartare dans un quadrilatère de vingt-quatre kilomètres. Les murs ont quarante pieds de hauteur. Neuf portes monumentales y sont percées; la demi lune en maçonnerie qui les protège vers l'extérieur érige à quatre-vingt-dix-neuf pieds le toit aigu d'une lourde construction en briques, garnie de quatre rangs de meurtrières. L'impression causée par la formidable épaisseur de ces vieux murs grandit encore, quand, au sortir de Tsien-Men, on devine, à travers une série d'autres portes ouvrant leurs cinq trous noirs sous de multiples toits relevés, l'immense avenue qui conduit au palais impérial. Il n'y a pas moins de quatre tunnels à franchir pour arriver à l'entrée interdite de la Ville Violette. Ces énormes barrières de briques rouges, coiffées de pavillons aux toits jaunes, nuisent à la beauté du coup d'œil que présenteraient cinq kilomètres d'avenue en ligne droite. Mais la multiplicité des enceintes qu'elles révèlent donne une idée écrasante de celui qu'elles cachent. Le Fils du Ciel ! On est reporté à plus de vingt siècles en arrière, à la majesté de ces rois de Chaldée ou d'Assyrie qui se disaient aussi fils de leurs dieux, et nous apparaissent d'autant plus grands qu'ils sont plus isolés dans l'absolutisme de leur pouvoir.

Il suffit d'un regard sur Pékin pour sentir que cette ville n'est pas l'œuvre d'un peuple ou d'une tribu. Elle est fille d'une volonté unique, faite pour un seul : l'Empereur. Cela éclate dans la symétrie gigantesque de son plan, avant que mille détails vous en donnent la preuve à chaque pas. On y devine le camp mongol de Gengis et de Koubilaï-Khan, maîtres de l'Asie par droit de conquête. Un homme s'est arrêté là qui a dit : « Je bâtirai une ville, » comme un Sennachérib a pu le dire à Ninive ; et, en quelques années l'œuvre était accomplie.

Il y a deux villes dans Pékin : la ville chinoise, dont l'origine se perd dans les annales des Yen et des Ki, des Tsin et des Han : la ville tartare, construite au nord de la première par Young-lo, le deuxième des Mings, presque sur l'emplacement de la Kambalick des Mongols et sur un plan peu différent.

La première a la forme d'un rectangle allongé de l'est à l'ouest ; la seconde, presque carrée, est orientée du nord au sud. Sa muraille méridionale s'ouvre sur la ville chinoise par trois portes. Tsien-Men est celle du milieu. Une enceinte rectangulaire enferme au centre de la ville tartare la ville impériale : Hoang-tcheng, qu'une interprétation erronée du mot Hoang ou la couleur de ses briques a fait surnommer : la Ville Jaune. A l'intérieur de celle-ci, une troisième enceinte bordée de larges fossés protège la Ville Violette : Tse-kin-tcheng, demeure de l'Empereur et de sa cour. Outre ces grandes lignes, un système compliqué de murs plus petits permet d'isoler le cortège impérial, quand le Fils du Ciel sort du palais pour se rendre en un point quelconque de la Ville Jaune.

Le nombre des portes qu'il franchit est certainement un des plus vifs sujets d'étonnement pour le voyageur qui visite Pékin. Beaucoup de ces portes sont de véritables monuments. Elles ont de trois à cinq travées, et l'on en rencontre parfois trois à la suite les unes des autres.

Si les Chinois avaient voulu se défendre, il y a
un an, il aurait fallu une puissante artillerie
pour venir à bout des enceintes successives, et
l'attaque aurait coûté cher. Mais ils sont si polis! S'il y a tant de portes, c'est évidemment
pour avoir le plaisir de les ouvrir.

Au delà de Tsien-Men, nous tournons à
droite. Notre hôtel est au bout de la rue des légations. La moitié d'entre elles sont en ruines ;
les murs qui restent sont criblés de trous. Des
ouvriers travaillent partout, sous l'œil des factionnaires internationaux qui font de cette rue
un musée d'uniformes européens. Çà et là,
parmi des terrains vagues, se dressent des débris de murailles.

L'hôtel est une ancienne habitation chinoise.
Beaucoup de petites cours et de pavillons isolés ; des lits coloniaux et un mobilier relativement neuf sur des tapis d'une saleté repous-
sante. C'est le meilleur hôtel de Pékin, parce
que c'est le seul. Nous rêvons aux bienfaits de
la concurrence. Après avoir secoué la poussière
de nos vêtements sur celle des tapis, nous sau-
tons dans des pousse-pousse.

Ces véhicules sont d'importation récente. La

légèreté de leurs roues n'est pas appropriée à l'état lamentable des rues. Les cahots ne sont en rien charmés par les soufflements poussifs de l'attelage, auquel il manque l'atavisme de dératés des Japonais. On nous emporte vers le Pétang, la mission des lazaristes. C'est dans la ville impériale, à l'ouest des palais.

Les lions de pierre des légations nous regardent passer, grimaçant, la patte posée sur la boule ou l'enfant de la légende chinoise. Voici l'avenue centrale; nous passons sous la porte de la « Grande Pureté ». Les portes monumentales de la Ville Jaune se dressent à l'extrémité d'une esplanade bordée d'écuries et de casernes. Cinq ponts, dont les balustrades de marbre blanc accusent l'élégante courbure, permettent de pénétrer sous la voûte de briques rouges qui donne accès dans une première cour. Une deuxième porte s'ouvre sur une cour plus vaste, où de beaux arbres ombragent des portiques latéraux. On devine des temples. Devant nous, c'est Ou-men, l'entrée méridionale du palais, que dominent à droite et à gauche des pavillons aux toits multiples, aux briques jaunes dorées par le soleil. La porte est close; pas un être vivant sur les murailles. Çà et là, des panneaux disjoints, des toits effondrés que l'herbe envahit. Mais les grands murs sombres sont intacts. Si au dedans tout est ruine et silence, ils gardent leur énigme avec majesté.

Nous les suivons en dedans du fossé disparu sous les plantes folles. Sur l'autre bord, une véritable forêt vierge abrite un temple abandonné. Les toits compliqués d'un coquet pavillon surplombent l'angle de la cité interdite. Il en existe un semblable aux quatre sommets.

Une large rue court parallèlement à la muraille occidentale. Les portes des maisons basses s'ouvrent sur de placides faces jaunes, sur des enfants vêtus d'une simple touffe de cheveux. Les ornières sont des ravins; les flaques, des marécages; et c'est à qui nous jettera le plus de poussière, des mulets de charrettes, ou des ânes de nos petits troupiers. Car, dans ce pays de cocagne, les « marsouins » eux-mêmes

... s'en vont sans poser les pieds sur les chemins.

Encore des détours, des portes et des murailles; brusquement, nous débouchons à l'entrée d'un pont : le grand pont de marbre. Voici

6

les lacs. Sur une longueur de trois kilomètres, ils déroulent un tapis de lotus aux larges calices verts, piqués çà et là d'une fleur rose. On devine l'eau invisible au glissement de la barque enfouie parmi les hautes tiges. Des toitures de temples se cachent sous les arbres de la rive. Des pavillons s'étagent sur les pentes d'une île que domine la tour du Pê-ta. C'est un des sites les plus exquis de ce parc, qui permet à la cour de retrouver au centre de Pékin le calme et la fraîcheur de la campagne et des paysages que n'ont pas rêvés les dessinateurs de jardins anglais les plus vantés.

L'île est reliée à la terre par un deuxième pont de marbre. Une terrasse circulaire les domine tous les deux. L'impératrice Sy-taï-héou y a fait construire son petit Trianon. A l'avènement de Kwang-su, elle s'est retirée sur l'autre bord du lac. Plus tard, c'est au milieu des lotus qu'elle a relégué l'empereur déchu.

Encore trois portes à franchir pour sortir des jardins, puis nous lisons sur un écriteau : « Quartier général français. » C'est l'ancien Pétang, devenu en 1887 la résidence de l'impératrice-mère, après le transfert des Lazaristes

au nouveau Pétang, à cinq cents mètres de là.
La vieille cathédrale est encore debout, avec
tous ses ornements symboliques. Les bâtiments
de la mission ont été transformés et aménagés
suivant les exigences du luxe céleste. Dans une
salle vitrée comme une serre, le capitaine D...
met à notre disposition un plan de la ville et les
plus précieux renseignements. Il est installé au
milieu des meubles rares de l'impératrice. Derrière les glaces d'un salon, fermé pour le protéger du pillage, des vases de porcelaine antique,
des meubles laqués de la plus fine sculpture,
attendent le retour de Sy-taï-héou.

« Reste-t-il encore à Pékin beaucoup de fauteuils comme celui-ci? »

Le capitaine répond par un hochement de
tête ironique, qui en dit long sur le tempérament
collectionneur des alliés.

Cinq minutes de pousse-pousse nous conduisent devant la nouvelle cathédrale. A travers
les échafaudages la façade apparaît, criblée
d'empreintes de balles et de schrapnells. Les
deux pavillons aux toits jaunes qui abritent
d'impériales tablettes, pas plus que l'inscrip-
tion : « Pien », n'ont retenu les Boxers. Les

murs en briques, très épais, ont protégé les
deux mille chrétiens qui s'y étaient réfugiés;
mais les vitraux sont brisés, des projectiles ont
traversé la toiture et rempli l'église de débris.
L'aspect est lamentable. Et pourtant, depuis un
an, bien des traces de la lutte ont disparu. Partout des ouvriers taillent des pierres pour re-
mettre la cathédrale en état, aux frais de l'empereur.

La mission se compose de longs bâtiments
qui se coupent à angles droits, enfermant plusieurs cours, à la mode chinoise. De beaux vases
de porcelaine ornent le salon où Mgr Favier
nous attend. Il est en proie à une attaque de
goutte. Il nous invite à nous asseoir et se met à
causer avec sa bonhomie, sa rondeur d'allures
caractéristiques. Il nous parle du siège, de mon
camarade Henry qui repose là-bas sous un
tertre vert, dans ce coin de terre française qu'il
a si noblement défendu. Peu à peu, sous le
missionnaire moderne, perce l'évêque des
temps anciens, aussi prêt à endosser la cuirasse
qu'à donner une bénédiction. Est-ce notre influence militaire ou celle du bouton de mandarin? est-ce l'habitude de fréquenter les grands

de la terre? est-ce l'effet d'une connaissance approfondie du peuple chinois, qui n'aime jamais l'Européen et ne le respecte qu'en raison directe de la hauteur avec laquelle il en est traité?... Mgr Favier ne me semble pas doué de la douceur évangélique que j'admirais jadis chez certains missionnaires du Fleuve Bleu. J'ai déjà entendu adresser ce reproche aux Lazaristes. L'expédition de Chine aurait rapproché chez eux l'épée du Templier du crucifix de l'apôtre. Mais il faut être juste; il faut se dire qu'en Chine le missionnaire est vraiment le pasteur de son troupeau. Sa mort serait le signal d'un massacre. Il est tenu de défendre ceux qui se sont confiés à lui. A Rome, le christianisme a pu fleurir dans le sang. Ici, une persécution méthodique aurait vite fait de le supprimer. Le Chinois est trop pratique, trop peu enclin au mysticisme, pour adopter d'enthousiasme une religion qui aurait pour but immédiat de lui faire couper le cou.

Mgr Favier a dû être un merveilleux aumônier militaire pour nos marins bretons. Quarante ans de Pékin ne lui ont pas fait oublier qu'il est Français, de la vieille Bourgogne. Il y

6.

a en lui l'étoffe combative du cardinal Lavigerie.

Un mandarin se fait annoncer. Il entre avec de multiples « tchinn-tchinns ». Il est vêtu d'une fine robe de soie bleue, et sa figure parcheminée, hérissée de rares poils gris, est loin de traduire les soixante ans qu'il se reconnaît. C'est un sous-préfet. Il va prendre possession de son poste dans le Kouang-toung, bien loin d'ici, suivant la loi chinoise qui interdit d'être fonctionnaire dans la province où l'on a vu le jour. Quoique païen, il vient promettre à Mgr Favier de protéger les catholiques de son district.

Un Chinois nous conduit au cimetière à travers des prairies où, il y a un an, campaient les Boxers. Ils avaient installé ici une batterie pour raser le Pétang. L'évêque nous a raconté avec quel sang-froid Henry et ses meilleurs tireurs en ont démonté les servants. Les assaillants se sont retirés devant la précision de nos lebels. Dans un coin de la mission, deux canons attestent une sortie heureuse des chrétiens assiégés. Ceux-ci étaient très intéressés à ne pas être pris. Deux d'entre eux, reconnus pendant qu'ils essayaient de gagner la légation, avaient été écorchés vifs, et leur peau exposée au bout d'une pique. Ils ont apporté à nos marins tout le concours dont étaient susceptibles leurs bâtons, leurs vieux mousquets, leurs pelles, pioches et autres instruments aussi inoffensifs qu'aratoires. Ils ont même fabriqué un millier de cartouches avec les douilles déjà usées. Il n'en reste pas moins certain que si les défenseurs du Pétang ont réussi à tenir, c'est que les assaillants avaient une peur excessive des coups. Trente lebels et de mauvaises murailles n'auraient jamais arrêté sans cela des milliers de fusils, des canons et vingt mille sauvages.

Le cimetière est envahi par l'herbe ; nul entretien. Nous savions déjà que les officiers de l'escadre avaient dû ouvrir une souscription pour assurer aux morts de Pékin un tombeau dont ceux pour qui ils s'étaient fait tuer ne s'étaient pas occupés ; mais vraiment cela nous a été pénible d'être obligés de chercher les tombes d'Henry, d'Herber et de nos marins. Des croix de fer, quelques couronnes fanées, deux lambeaux d'étamine tricolore, dans l'herbe folle, sous les grands arbres où chantent les cigales de l'été : c'est tout. A quatre mille lieues de France, cela serre le cœur. J'ai vécu cinq ans près d'Henry ; je sais quel noble enfant c'était. Officier consciencieux et bon, il était resté le croyant de jadis. Il est mort pour son pays, la croix posée sur ses lèvres. D'autres feront plus de bruit ici-bas ; leur gloire sera moins pure. Il est dur de mourir si jeune et si loin. Pourtant, quand je vois le travail de décomposition que la vie fait en nous, combien peu à peu nous ronge le poison des ambitions mesquines et des passions malsaines, la parole du Christ résonne à mon oreille : « Il a choisi la meilleure part. » J'ai laissé s'éloigner mes compagnons, et, seul dans le petit cimetière, j'ai demandé à Dieu d'être digne du cher camarade, modeste et grand, dont je serais fier d'avoir été l'ami.

Dans quelques jours arriveront de Nagasaki les pierres destinées à l'érection d'un mausolée. Mgr Favier nous a promis de s'occuper tout spécialement de la tombe d'Henry.

II

Lundi 26 août.

En route, dès six heures du matin, pour le tour des lacs. Le ciel est gris. Au moment où nous débouchons sur l'esplanade qui s'étend de la Porte de la Grande Pureté à la Porte Droite, une tempête de poussière nous assaille; poussière chaude qui aveugle et suffoque. Parfois, dans une éclaircie, on entrevoit de longues files de charrettes, les chameaux placides d'une caravane qui vient des déserts de Mongolie.

Le grain a balayé le ciel. La blancheur du pont de marbre éclate dans la lumière jeune du matin, sur le champ verdoyant des lotus. Une route charmante, au bord du lac du Nord, nous conduit aux temples entrevus hier sous les arbres. Voici le « Beau Jardin des Bonzes », le « Temple des dix mille Bouddhas », celui du « Grand Fô », le temple du « Petit ciel d'Occident », à côté de l'emplacement qu'occupait celui du « Grand ciel d'Occident », incendié depuis l'invasion des « Yan-Kouë-tseu ». A l'abri de collines artificielles, dans des vallons exquis protégés par des arbres vénérables, c'est tout un monde de temples et de pagodes, où l'on accède par d'élégants ponts de marbre vêtus de plantes vertes, aux balustrades ciselées de dragons et de chimères. Sur les dalles mêmes se tordent des dragons en haut relief, d'un fini merveilleux. Des portiques se dressent, véritables arcs de triomphe de briques vernissées multicolores. Les temples sont des pavillons de bois aux sveltes colonnettes, qui ne déparent en rien la poésie rustique de ce parc enchanté.

Hélas ! quand on y pénètre, l'impression change. Tout est pillé, saccagé. Les Dix mille Bouddhas gisent dans la poussière, meurtris, décapités, jetés à bas de leurs rocailles par un jeu de massacre de soldats ivres. Les clous dorés des portes sont arrachés ; des débris de balustrades, des fragments de briques jaunes jonchent les dalles descellées des escaliers de marbre. Dans un pavillon où méditaient trois Bouddhas de cuivre doré, des centaines de rouleaux de papier couleur safran se mêlent dans la poussière à la litière des chevaux qui y furent parqués. Ce sont des prières. Une des statues est tombée sur elles, arrachée de son socle. Un poussah en bois doré dont les oreilles descendent sur les épaules, vautré dans un large fauteuil, béat, replet, semble en proie à une hilarité énorme en face de ce carnage. Seul, le Bouddha géant, drapé dans sa robe de pourpre coupée d'une écharpe verte, garde impassible, à vingt-trois mètres de hauteur, sa large tête blanche que barrent d'épais sourcils violets. Sa main droite, aux deux doigts levés, fait le geste d'enseignement classique. Mais le visage n'a pas l'expression de douceur des Amiddahs qu'abritent les temples charmants du Japon. En dépit des dix mille bras en auréole qui symbolisent son inépuisable bonté, il a l'air froidement féroce. Il est vrai qu'on lui a cassé tant de membres! Ses blanches mains feront en Europe de si coquets presse-papiers!

Les deux étages du Siao-si-tien — temple du

Petit ciel d'Occident — ne renferment qu'un amas de décombres. Les gardiens nous montrent en riant des fragments de statue, des briques cassées; cela les amuse autant qu'un pauvre diable qui, après le sac de Paris, rencontrerait en vagabondant parmi les ruines un fragment de gargouille de Notre-Dame. Encore celui-ci éprouverait-il peut-être une confuse émotion patriotique. Mais ces bons Célestes n'en sont pas là. Ils nous invitent même à prendre une tasse de thé sans sucre dans de petits bols de faïence bleue.

De l'étage supérieur nous dominons la Ville Tartare du nord-ouest, avec ses groupes de maisons épars dans la verdure et quelques toits recourbés de temples. En nous penchant à la fenêtre nous constatons que le mur est revêtu de briques vernissées, jaunes, vertes et rouges, portant en creux ou en relief des caractères ou des statuettes.

Dans un pavillon voisin, de gigantesques tables sont couvertes d'inscriptions en chinois et en mongol.

Nous avons gravi une colline enfouie dans une verdure désordonnée. L'œil plonge dans des cours désertes de temples, sur des balustrades de marbre que l'herbe envahit. Partout surgissent des bâtiments abandonnés. Il semble qu'on découvre au sein d'une forêt vierge les merveilleuses ruines de quelque Ninive, d'une Babylone devenue suivant la menace du prophète un repaire de bêtes sauvages.

Brusquement un cri d'admiration nous échappe. Le mur Céramique est devant nous. Sur un fond bleu sillonné de flammes, des dragons s'enroulent, se tordent, s'enchevêtrent, crispant leurs pattes à cinq griffes, ouvrant des gueules menaçantes. Ils sont roses, bleus, verts, d'une merveilleuse intensité de tons. C'est une poterie gigantesque où se retrouvent les teintes chères aux Palissy chinois : le « clair de lune » et « l'aubergine » des Yuen, le « vert de Kangsi », le « sang de bœuf » et la « fraise écrasée », jusqu'à l'indéfinissable bleu du « Ciel après la pluie ». Elle est formée de briques vernissées parfaitement ajustées, et dont les reliefs font honneur à l'habileté de main du sculpteur autant qu'à sa fantaisie. Les dragons sont vivants et sortent du mur. C'est le soir qu'il faut aller le voir, quand le soleil couchant l'incendie.

Sous la clarté diffuse et incolore de cette matinée, il est déjà de toute beauté.

Nous avons regagné le bord du lac. Quatre petits kiosques dominent le champ de lotus, au delà duquel se déroule un horizon de verdure, interrompu par la blancheur du pont de marbre, coupé par la tour du Péta et le coquet pavillon du « Mée-chan ». Une barque, où des Chinois coupent les larges feuilles, accoste pour nous offrir le doux fruit qui fait oublier. Des amandes blanches d'un goût agréable, cachées dans une pulpe verte en forme de calice. Elles ne nous ont pas inspiré la folie des compagnons d'Ulysse.

A travers l'allée ombreuse, l'imagination replace aisément la multitude de lamas et de bonzes desservants des pagodes voisines, errant dans leurs longues robes au milieu de cette nature recueillie dans sa beauté, causant de religion, de philosophie, de littérature, au bord des eaux limpides, sous les frais ombrages, loin des profanes et de l'agitation humaine, dans le mystère embaumé de ce parc que troublaient seuls le chant des oiseaux, le rire léger des princesses, le passage du cortège impérial.

Une poignée de barbares a violé la pieuse retraite, respectée de longs siècles par un peuple innombrable. Ils ont tout saccagé.

Un triple portique de briques multicolores se dresse au nord du lac, devant le pavillon dit « de la Vue du lac ». L'empereur y venait souvent prendre le thé, avant qu'il servît de quartier général aux Français. Plus loin, nous croisons une patrouille chinoise. Deux vieux mousquets, deux sabres et deux lances garnies de pennons hérissent ses six membres. Ils nous portent les armes, pendant que leur caporal esquisse un salut militaire, la main à son salacco pointu. — Doux pays !

Nous laissons derrière nous le temple des Vers à soie, pour arriver par une allée délicieuse au pont de l'île Péhaé, coquette pyramide de verdure que surmonte le Pê-ta. C'est une pagode, que sa forme singulière a fait surnommer la « Bouteille de pippermint ». A sa base court une terrasse ; on y jouit d'une vue merveilleuse sur Pékin : archipel de villages dans une mer de verdure, « jaunes d'œufs dans un plat d'épinards, » a dit quelqu'un. Dans une niche, un dieu de bronze grimace avec férocité. A son cou pend un collier de têtes de morts.

Chacune des briques du revêtement porte un petit Bouddha en haut relief. Toutes ces statuettes ont été décapitées à coups de crosse par les barbares d'Occident.

... Nous voici dans une enceinte réservée, au pied d'une colline ombragée de beaux arbres. C'est la Montagne de Charbon. Due au caprice d'un empereur Yuen, elle doit à un Ming les cinq kiosques aux toits jaunes, verts et bleus, qui la dominaient, et dont l'un a été détruit. Elle se dresse au nord de la Ville interdite, dans l'axe même des palais. C'est là qu'il faut monter pour embrasser d'un coup d'œil le plan grandiose de Pékin.

A vos pieds, le palais d'Hiver entasse avec symétrie dans un rectangle de hautes murailles ses toits imposants. De son entrée méridionale, une avenue rectiligne conduit à travers les gigantesques portes jusqu'aux temples du Ciel et de l'Agriculture, perdus dans leurs bois lointains, à droite et à gauche de la Porte du Sud. On est au centre des deux rectangles parallèles qui forment la Ville impériale et la Ville tartare. Des avenues perpendiculaires s'éloignent vers le nord, l'est et l'ouest. A l'extrémité de chacune s'élève une double porte géante. Dans les espaces géométriques ainsi délimités, les maisons basses s'enfouissent parmi les jardins. C'est à peine si une ligne de toits permet de deviner les neuf kilomètres de rue qui forment le Marché de l'Est ou celui de l'Ouest. Une mer de verdure se déroule jusqu'à l'horizon, interrompue par les flaques claires des lacs impériaux et la colline du Pe-ta. De loin en loin, émerge une tour, la flèche d'une pagode, les portes monumentales qui permettent de suivre le contour de la dernière enceinte, jusqu'aux sommets extrêmes de la cité chinoise, à plus de sept kilomètres à vol d'oiseau.

Au nord, courent des montagnes bleues. Leurs premières ondulations naissent au bord du lac où se mire le palais d'Été. Dans un cirque de la chaîne s'abrite la sépulture des empereurs Mings, à deux journées de Pékin.

Peu de paysages au monde dégagent une pareille impression de grandeur. Car elle ne vient pas ici seulement de la majesté des lignes, elle monte des siècles accumulés, du fond de ce passé dont cette ville reste l'image, des vieilles dynasties oubliées, des cités mortes qui furent

la Ki des Tchéou, la Yen des Tsin, la Tchoung-
tou des Kin, la Kambalick des Mongols, avant
que l'empereur Young-lo y construisît sa capitale du Nord. Et cette Péking actuelle semble si
vieille ! Aucune note claire pour la rajeunir : du
bois et des briques, toits sombres, portiques
sombres, verdures d'été qui déjà sentent l'automne et qui jettent leur ombre sur des ruines.
Tout ici dit la puissance du Passé, le culte des
choses mortes. Voici le temple de la Longévité
impériale à nos pieds ; à côté, celui des Ancêtres. La civilisation chinoise se tourne vers le
passé, comme nos sociétés d'Europe vers l'avenir. Ce n'est pas elle qui élèvera un temple au
Dieu inconnu. Le progrès lui fait horreur : il
est une violation des rites, des coutumes ances-
trales. Toute transformation correspondant à
un manque d'équilibre social momentané lui
paraît dangereuse. Le Nirvana du Bouddhisme
devait convenir à ce peuple. Il était déjà dans son
cœur, dans ce culte de l'immuable, de l'éternel
statu quo sans besoins et sans inquiétudes que
traduisent les noms de ses temples : « Palais du
Juste Milieu, de la Tranquillité de longue vie,
de la Vertueuse Concorde, du Repos universel. »

Ce goût du repos est un indice de vieillesse, au même titre que le peu de souci de se représenter la divinité sous une forme concrète, ce goût de l'abstraction qui leur a fait élever des autels à la Fidélité éclatante, à la Source de la Doctrine, à la Beauté littéraire, à la Vénération des anciens Savants. Une perle, cette dernière rubrique. Les lunettes d'or et les crânes chauves des vieux lettrés du temps présent n'ont pas suffi à leur amour de la vétusté, du vermoulu et du moisi. Ils sont allés chercher les savants d'autrefois. C'est heureux qu'ils n'aient pas inventé la momie ; on trouverait des ancêtres à vénérer dans tous les coins de leurs appartements.

Ils ont élevé un temple à l'Agriculture, mais ils n'ont eu nullement besoin de la matérialiser en une Cérès. Ils n'ont pas l'imagination plastique. Quand ils ont été frappés de la splendeur de la Nature, ils l'ont adorée sous ses formes les plus abstraites, les plus générales, les plus métaphysiques : le Ciel, les Montagnes sacrées, la Lumière éclatante, la Beauté.

Quel peuple n'a eu le culte effectif de la Beauté, dans sa poésie, dans ses arts, dans ses

chants d'amour ou de guerre? Un seul en a
déifié l'idée abstraite : et ce sont les Chinois.
D'ailleurs, pour la plus grande confusion des
photographes, des astronomes et des ascètes, il
y a beau temps qu'ils ont un « Pavillon de la
Lumière rouge », un autre « où l'on salue
l'Étoile polaire », une « Maison d'aspiration
céleste ». Il y a même un petit « Kiosque des
nuages aquatiques », dont le nom m'a laissé
rêveur.

Il est situé au milieu des lotus du lac central,
en face du petit promontoire où se blottit dans
les frondaisons épaisses le Temple des Dix mille
biens. Une allée exquise bordée de saules en
suit la rive occidentale. Elle passe devant le
Tse-Kouang-Ko, où se tiennent les examens
pour le mandarinat militaire. Elle longe des
bâtiments interminables, destinés d'abord sans
doute à la suite de l'impératrice Sy-taï-héou,
et plus tard à celle de Kwang-sou détrôné.
Tout est pillé, ravagé. Un tramway impérial,
qui dut jadis promener parmi ces fleurs de
fragiles créatures aux robes de printemps, aux
coiffures épinglées d'or, aux visages de porcelaine, aux yeux en amandes et aux pieds de

ponpée, cache son délabrement dans les herbes folles. Quelques coolies impassibles regardent de loin le violateur de ce sanctuaire des grâces chinoises.

Ce n'est pas sans peine que je suis arrivé jusqu'ici. J'ai frappé de la crosse de mon revolver contre la porte close. Après de longs chuchotements elle s'est entre-bâillée. Mon accoutrement guerrier a inspiré aux gardiens la plus entière complaisance, et, tandis que mes compagnons fuyaient vers le Temple du Ciel, j'ai savouré le recueillement de ce merveilleux paysage, cette mélancolie de la solitude près des ruines, au bord de l'eau dormante que dore le soleil déclinant. Car il était tard déjà ; les feuillages assombris tamisaient les rayons obliques, les lotus épanouissaient leurs larges coupes, des parfums pénétrants flottaient avec le gazouillement des oiseaux, quand je suis arrivé au charmant petit palais dont les rocailles s'avancent au milieu du lac du Sud, et qui servit de prison à Kwang-su. On ne sort pas de l'ombre des arbres en gravissant l'escalier d'honneur, jusqu'à ce que l'on pénètre dans le premier pavillon, où des domestiques vous regardent d'un air étonné. Ce palais a dû être retiré de la profanation. Ils se demandent ce que signifie ma présence. Tout porte encore les marques du pillage et de l'orgie brutale des vainqueurs. Sur un écriteau je lis : « Offizier-casino. » Et l'évocation des casques à pointes et des lourdes bottes dans ce cadre léger, au bord de ce lac ravissant de contes de fées, me plonge dans une stupeur navrée. Il est si joli, si coquet, ce pavillon qu'une terrasse de marbre blanc soulève au bord méridional du lac ! Nid d'amoureux et de poètes, prêts à glisser sous la lune en murmurant des vers délicats de Li-taï-pé ou de Tou-fou, au gré de la barque ber-ceuse, qui, pour ne pas servir à des barbares, se blottit à demi coulée sous l'ombrelle verte des lotus.

Le soleil descend de plus en plus ; je dois retrouver mes compagnons ; il faut partir. A travers l'avenue impériale, sous les tunnels des portes, au milieu de la cohue du marché du Sud, mes djins filent à toutes jambes, criant et suant dans un nuage de poussière. Voici l'es-planade au bout de laquelle se dressent les toits recourbés de Young-ting-men. A droite et à gauche les hautes murailles grises du temple du Ciel et de celui de l'Agriculture semblent enfermer des parcs merveilleux. Dans la lumière éteinte du soir des files de charrettes passent, attelées de trois mulets; convoi interminable que gardent quelques Sikhs à cheval : ce sont les approvisionnements de la Cour.

Un poste d'Américains me porte les armes. Une porte s'ouvre et je suis en plein bois. Deux cents mètres plus loin, nouvelle porte, puis des bâtiments abandonnés, d'immenses cours rectangulaires envahies par les herbes. On y enfonce jusqu'à la ceinture. Des moustiques bourdonnent, l'air s'imprègne de senteurs de plantes écrasées. Je franchis porte sur porte, cour sur cour. Pas une âme qui vive. Un silence qui semble dater de plusieurs siècles. Ou donc est le temple?... Une terrasse de marbre blanc s'élève à la lisière d'un bois. Elle ne porte rien. Au delà deux soldats jouent à la paume dans une prairie. Je vais toujours. Un double portique me fait pénétrer dans un bois merveilleux. Sous les branches sombres, parmi les fougères et les herbes hautes, des dalles de marbre blanchissent. Il y a deux terrasse rectangulaires. On y accède par des marches ensevelies. Des stèles se dressent, des portiques d'une simplicité grecque. On dirait des tombes. Dans ce coin de Pékin, dans ce crépuscule et ce silence, je suis aussi profondément seul qu'au cœur d'une forêt vierge. Une paix infinie flotte sous les ramures noires avec les dernières clartés d'or du couchant. J'ai songé à ceux et à celles que j'ai aimés dans cet occident où meurt la lumière. Plus que jamais j'ai senti l'énorme distance, et ce qu'il peut y avoir de douceur douloureuse à ne plus se souvenir, ce qu'il y a de terreur et d'amertume dans la pensée d'être oublié.

Je suis resté longtemps assis dans ce coin sauvage. La nuit tombait bleue et froide, la lune montait dans les feuillages. J'ai retraversé les cours désertes, pénétré dans une pagode silencieuse. Un quart d'heure après j'étais perdu dans le brouhaha du marché chinois. Des milliers de lampes éclairaient des milliers de tables, où debout, accroupis, couchés, la pipe à la bouche, des milliers de Célestes dînaient en plein air d'incompréhensibles pâtées, arrosées de liquides de toutes les couleurs. La clarté des

mèches fumeuses, dessinant les traits rudes et les
vêtements en loques, faisait surgir à chaque pas
des scènes de Rembrandt et de Callot. Et dans
l'intensité de vie qui rayonnait de ce grouillement humain unique, je me suis senti renaître
au désir de voyager, d'apprendre, de connaître
les peuples que nos civilisations ignorent ou
méprisent, mais qui ont pour eux la grandeur
que donne la vieillesse, la majesté d'un passé
prodigieux qu'ils ne renient pas.

Après le dîner, j'ai gravi les rampes qui
conduisent sur les murailles de la ville tartare,
au pied de Hata-men. Trois Chinois causaient
autour d'un feu et fumaient des pipes, sous la
haute voûte. Aucun veilleur sur les remparts.
Silence profond sur la ville baignée de clair de
lune, à peine révélée par quelques rares
lumières au milieu des arbres. De temps en
temps un gong lointain, un aboiement, les
sonnailles d'une mule : Pékin dort.

III

Mardi 27 août.

A dix heures du matin, Ou-men, la porte méridionale du Palais d'hiver, s'ouvre devant nous. Il y a vingt ans, elle restait fermée même pour les représentants des puissances européennes ; maintenant on visite le sanctuaire du Fils du Ciel à heure fixe, comme notre Louvre ou notre Versailles. Cette assimilation lui donne l'empreinte du Passé, presque autant que l'abandon des cours et les grandes salles désertes. Hâtons-nous de dire que peu à peu les Chinois reprennent possession de leur bien ; la Cour va bientôt quitter le Se-tchouen. La Ville Violette deviendra plus interdite que jamais. Mais elle ne se lavera pas de la profanation. Le secret est violé dont s'entourait le

plus inaccessible des empereurs au sein du plus
impénétrable des peuples; et c'est une jouis-
sance profonde de découvrir aujourd'hui ce
que nul ne voyait hier, ce que nul ne verra
plus de longtemps : le mystère que de doubles
murailles, de triples et de quadruples portes
défendent mieux que le Saint des Saints de
Jérusalem ou l'asile secret du temple de Tanit.

Toute la partie méridionale du palais est
réservée aux réceptions officielles. Des cours
immenses se succèdent, admirablement pavées,
coupées d'une voie dallée rectiligne que gardent des animaux de bronze ou des brûle-parfums. De véritables collines de marbre les
séparent, formées de terrasses superposées,
que domine une salle d'audience à silhouette
de temple. La première contient un trône de
laque brune, la seconde de laque rouge, la
troisième de laque d'or. On accède à chaque
plate-forme par un triple escalier aux balustrades finement ouvragées. L'escalier central,
plus large, réservé à l'empereur, a ses marches
coupées en deux par une dalle rectangulaire
ciselée de dragons d'un travail inouï. Tout est
d'une pureté de lignes géométriques et d'une

symétrie grandiose. Et l'on imagine la féerie des jours d'audience, quand le soleil ruisselait sur la foule éclatante des ambassadeurs de tous les royaumes, du Kouan-toung et des Deux-Kiangs, du Se-tchouen et du Ho-nan, du Thibet et de la Mongolie, Hindous, Lamas, Annamites, Coréens, Tartares, toute l'Asie de Gengis-Khan, sur les mandarins en robe de soie, les soldats à crinière rouge, la Cour étagée sur les terrasses blanches, et que la porte s'ouvrait, laissant voir le Fils du Ciel sur son trône comme une idole, dans la fumée des brûle-parfums et le reflet des laques d'or.

J'ai dit : idole; aucun mot n'exprimerait mieux le prestige de l'empereur; il est plus dieu que les Césars. Il est au sommet de la hiérarchie chinoise un être unique et sur-humain, l'incarnation de l'idée sacrée de souveraineté. Sa place est au centre géométrique de cette ville qui est elle-même le pôle de l'Empire du milieu. Du nord et du sud, de l'est et de l'ouest, toutes les voies convergent vers ce trône, qu'une montagne artificielle soulève sur des gradins de marbre comme un autel. L'isolement absolu du sanctuaire dit la toute-puissance de celui qui l'habite. Les palais sont à ses pieds, leurs toits ne dépassent pas la terrasse sacrée; à ses pieds, la Ville : elle n'est que le péristyle du temple, dont l'immense campagne peuplée de millions d'esclaves n'est que le décor. Et c'est bien un temple. Il a la disposition architecturale de ceux où l'on vénère Confucius ou Bouddha. Il en a la vétusté qui inspire le respect. Les siècles se lisent sur les troncs vermoulus des colonnes, sur l'écorce qui tombe et la peinture qui s'écaille, sur les tapis que foulèrent des générations. La poussière qui s'y amoncelle est faite de l'usure des choses plus que de l'apport des vents. On n'a pas dû l'ôter depuis que le dieu s'en est allé. Un linceul gris étouffe le reflet de l'or sur le trône vide, sur les dragons enchevêtrés de l'écran de laque ouvert derrière lui; il rend plus profonde la sensation d'abandon et de détresse, de corps sans âme, de sanctuaire profané.

Car, malheureusement, le temps n'est pas seul coupable des dégradations que nous constatons. Parmi les barbares, quelques-uns se sont contentés de s'asseoir sur le trône et de s'y faire photographier — Il en est d'ailleurs qui ont préféré le lit de Sy-taï-héou. — Ces photographies se vendent à Pékin : on en a publié dans les grands illustrés. On y reconnaît des personnalités officielles. Leur famille a dû en être fière, et sans doute des électeurs en seront impressionnés. Seuls, quelques esprits chagrins seront capables d'en conclure que le sentiment de l'esthétique et le bon goût ne s'acquièrent pas avec les dignités. Mais il y a d'autres reproches à faire aux visiteurs de la race de Japhet. L'eunuque blafard qui nous guide nous montre l'écran impérial avec un geste d'indignation. Nous nous apercevons que l'on a cassé la tête des dragons et fait sauter à coups de couteau les cabochons qui l'ornaient. La consigne avait dû être donnée de respecter cette salle. On n'a pas enlevé les guéridons, les brûle-parfums de bronze incrusté d'or : c'était trop lourd, mais une pierre précieuse est plus facile à dissimuler, et vraiment, si les Chinois expriment une opinion amère de l'élasticité de conscience et de la largeur de poches des Diables d'Occident, nous aurons mauvaise grâce à la leur contester.

Savez-vous le nom de cette salle où la guerre se manifeste par un si vil côté? Elle s'appelle : « Palais de la Paix Réciproque »; et ce n'est pas la dernière ironie que nous réserve Pékin.

Deux pas à faire à travers les grandes cours mornes nous permettront de nous assurer que le « Palais de l'héroïsme militaire » abrite une imprimerie. Nous en emporterons une vénération particulière pour ce peuple qui met les tournois de la plume ou du pinceau au-dessus de ceux de l'épée, et semble destiné à faire du journaliste le plus échevelé le prototype des vertus guerrières. Quel pacifiste n'a rêvé du temps où les flots d'encre se substitueront aux flots de sang, auxquels pour l'heure ils se contentent de s'ajouter, et où le sourire des diplomates n'aura pas à cacher de préoccupation plus grave qu'un encrier renversé ou une bouteille cassée? — C'était un rêve chinois, tout simplement.

Nous avons traversé une nouvelle cour. Au centre s'élève un pavillon clos : la chambre à coucher de l'empereur. Ces bâtiments qui se développent à notre droite, en contre-bas, sont les Six palais d'Orient : le harem. En Europe, qui dit Orient évoque odalisques et cadines ; il est curieux de retrouver cette association nécessaire dans l'esprit du Fils du Ciel, comme si la pensée ne devait jamais séparer du soleil qui nous apporte la lumière la femme par qui nous vient l'amour.

A vrai dire, il y avait aussi des femmes à l'occident de la Ville Violette ; ou plutôt il y avait une femme : Sy-taï-héou, l'Impératrice de l'ouest.

La symétrie babylonienne qui s'impose dans l'axe du palais s'évanouit dans un labyrinthe de couloirs, de hauts murs et de pavillons, dès qu'on s'écarte des cours centrales. Il y a des corridors mystérieux et des poternes qui ont l'air sournois ; des Chinois s'y faufilent comme des ombres, et, sur les toits débordants, des « kilins » fantastiques de brique ou de bois doré écarquillent leurs yeux et tordent leurs mâchoires dans un féroce ricanement. Il ne s'agit pas pourtant de nous égarer dans ce coupe-gorge. Un vieil eunuque bénévole ouvre plusieurs portes avec de grosses clefs, et nous conduit dans une cour où l'herbe pousse entre les dalles et où deux lions veillent devant un portique hérissé de monstres. C'est l'entrée des appartements de Sy-taï-héou.

Ils se composent de trois pavillons séparés par des cours peuplées de lions, de grues, de cerfs et de dragons de bronze. Le premier, tout vitré, a l'aspect d'une serre. Un planisphère, des instruments de géographie et d'astronomie témoignent des curiosités viriles de l'impératrice. Deux miroirs se regardent aux extrémités de la salle. Sur leur face postérieure, un étrange travail de broderie et de découpure représente des scènes d'un paradis chinois. Des impératrices aux robes et aux gestes précieux y festoient dans des jardins de rêve, escortées de symboliques phénix. Le fond est bleu, pour mieux idéaliser le paysage.

Le second pavillon est une salle à manger. Louis XV, Louis XVI et Napoléon III y fraternisent sous les espèces de nombreuses pendules. Pendant la digestion des savantes boulettes du Vatel de la maison, des lits de repos permettent de savourer nonchalamment les manuscrits hiéroglyphiques d'une petite bibliothèque poudreuse. On a entassé sous ces lits des vases de porcelaine. Est-ce pour leur épar-

gner une chute désastreuse? Est-ce pour les
dérober aux yeux des barbares?… Si je ne les
voyais pas à Pékin, je ne douterais pas qu'ils
n'aient une grande valeur.

Dans le troisième pavillon se trouve la
chambre à coucher. Des rideaux de soie jaune
abritent un lit de la même couleur impériale.
Partout des coussins bleus, dont la nuance
tendre s'harmonise plus avec la tonalité géné-
rale du sanctuaire qu'avec le caractère de celle
qui l'habitait. Dans un coin, une armoire aux
panneaux ciselés de dragons merveilleux. Le
salon de réception s'ouvre sur la cour des lions.
Un piano doré, parfaitement faux d'ailleurs,
indique que l'impératrice est en avance sur les
traditions instrumentales de son pays. Et je me
la représente effleurant de ses doigts menus
quelque gavotte ou quelque menuet poudré,
tout en donnant des ordres lucides pour une
distribution de ces jolies boîtes, où un charmant
cordonnet de soie renseignait immédiatement
le destinataire sur la tendresse impériale qui la
lui offrait. Car c'est d'ici que, depuis bientôt un
demi-siècle, ont rayonné sur la Chine une intelligence sans scrupules et une volonté de fer ; le

génie d'une femme qui a su détourner vers l'étranger haï l'orage secrètement amoncelé contre la dynastie mandchoue, et qui n'a jamais reculé devant le meurtre ni le coup d'état pour faire triompher sa politique et ses ambitions. Au milieu des intrigues touffues d'une cour asiatique, cette impératrice, qui fut, dit-on, voluptueuse et, à n'en pas douter, cruelle, restera une des grandes figures de la légende et de l'histoire, non loin de Sémiramis et de Catherine II. Elle incarne pour la dernière fois sans doute l'âme de la vieille Chine, hostile non seulement aux hommes, mais à toutes les idées de l'Occident. Sa fin coïncidera avec l'aube d'une ère nouvelle pour la race jaune. L'intervention armée de l'Europe aura facilité au Japon les moyens d'en activer l'essor.

… Cet austère palais d'Hiver, aux cours nues, aux froides terrasses, abrite un délicieux coin de mystère et d'ombre, que ses toits monumentaux ne laissaient pas deviner. C'est le cœur de verdure de la Ville Violette. Sous les bambous et les yeuses serpentent des allées fraîches et se blottissent des lanternes de bronze. Une pagode s'y cache : le sanctuaire des dieux lares, l'oratoire trois fois saint de la dynastie. Deux lions dorés en gardent l'entrée. La salle est basse et sombre. Confucius y occupe une place modeste ; sur l'autel principal se dressent trois empereurs. L'eunuque nous montre celui du centre, dont la barbe patriarcale ruisselle sur la robe aux broderies d'or ; puis il prononce respectueusement : « Tsin-che-hoang-ti. » C'est le père des Tsin, l'empereur fabuleux et farouche, l'incarnation de l'autorité la plus absolue qui ait été exercée sur la terre, le destructeur des livres sacrés, le décimeur de son peuple, auprès duquel Yvan le Terrible fut un monarque bienveillant et doux : le géant qu'illumine au fond de la légende chinoise une auréole de gloire et de sang.

Dehors le soleil chante sur les murs blancs et les toits de tuile jaune ; il y a une vibration joyeuse de cigales ; nous nous retrouvons en plein air avec volupté. Encore quelques seuils, quelques petites cours à franchir, et le brave capitaine à crinière rouge, entre les mains de qui l'eunuque nous a remis, nous abandonne à la porte nord du « Tsen-kin-tcheng » avec le plus aimable et le plus respectueux des saluts.

Le lourd battant se referme... Voilà encore un coin du monde que nous ne reverrons jamais.

Où nous dirigerons-nous cette après-midi, après une nouvelle visite à cet évêque si ardent et si français, et à son vaillant coadjuteur Mgr Jarlin, qui fut avec Henry l'âme de la défense du Pétang? Irons-nous prendre part à la « Bénédiction des Montagnes Sacrées »? Chercherons-nous dans la « Caverne du Soleil levant » une tradition sœur de la légende shintoïste, et dont l'analogie s'expliquerait par la part de sang mongol qui coule aux veines des Japonais? Nous prosternerons-nous aux pieds des dieux du Tonnerre, de la Pluie, des Nuages et du Vent? Ou, nous échappant de la Ville Jaune par la porte de la « Paix de l'Est », irons-nous en pèlerinage aux palais du « Prince du sang n° 1 », du « Quatrième oncle de l'Empereur », des « Nobles ou des Saints Ducs » ?

La ville chinoise est bien attirante, avec son « Temple du Printemps perpétuel », dont la porte n'est, je l'espère, ouverte qu'à la jeunesse, et celui de la « Source de la Doctrine », tout naturellement indiqué aux âmes altérées d'idéal.

8

Il y a aussi là-bas un petit sanctuaire érigé sous une bien singulière rubrique. Le nom seul mesure la distance où nous sommes de la France éternellement frondeuse et antigouvernementale ; il s'appelle : le « Temple de la Reconnaissance à l'État ». On y parvient sans doute par le pont de la « Rivière des trois Lys » ; et l'ensemble donne une idée sympathique de la candeur des contribuables chinois.

Malgré tout l'attrait d'un pareil monument, c'est sur le Temple des Lamas que notre choix s'arrête. Il voisine dans l'angle nord-est de la ville tartare avec celui de Confucius. C'est un quartier tranquille et religieux. Les rues sont presque désertes ; rien ne porte ici la trace de l'invasion. Quelques oiseaux troublent seuls le silence des cours et des terrasses, où l'on vénère, loin des rumeurs du monde, le philosophe qui n'en méprisa pas toujours les grandeurs. Le même recueillement règne dans l'esplanade ombreuse qui précède les bâtiments compliqués et les temples successifs du monastère thibétain. Des cours désertes, des sanctuaires vides où se dessinent d'énormes idoles dans la pénombre parfumée d'encens : personne ne nous interroge, personne ne s'offre à nous guider. Des moines passent, muets, indifférents, absorbés dans un rêve sur lequel les contingences terrestres ne réagissent pas. Voici enfin une cour où une cinquantaine de fidèles paraissent attendre. Un gong résonne sourdement. Tout à coup, d'une porte basse débouche une procession de lamas. Les mains jointes, les yeux baissés, ils marmottent des prières. Ils portent une étole brodée d'or sur une robe de pourpre éteinte. Sur leur tête s'érige un haut bonnet liturgique, sorte de casque au gigantesque cimier de plumes et de fourrures. Un vieil abbé les précède, dont une barbe de patriarche prolonge les traits ascétiques. Ils gravissent lentement les marches du temple sombre, puis se rangent avec symétrie des deux côtés du tabernacle. Le gong s'est tu; mais plus profonde encore s'élève une voix de basse qui scande en mineur de sanglotantes psalmodies. Ah! la tristesse de ce chant sans espérance, dans ce temple sans lumière, au fond de cette cour sans horizon! En lui se concentrent des siècles de douleur humaine, d'une douleur écrasée et morne, sur qui ne s'est pas penchée la souffrance consolatrice d'un Dieu. Où est le Christ de Jean et de Madeleine, celui que des milliers de moines ont suivi non seulement pour la beauté de sa doctrine, mais parce qu'elle contenait la plus infinie promesse d'amour?...

... Par l'interminable avenue du Marché de l'Est nous sommes retombés dans la vie pratique, la poussière et les cris. A l'hôtel, d'obséquieux marchands nous attendent, avec des fourrures et des robes de soie. Quelques-unes semblent d'origine suspecte. Ils se hâtent de les liquider avant le retour de l'empereur.

IV

Mercredi 28 août.

C'est encore un rêve que réalise cette visite au Palais d'Été. Après un long trajet sur une route dallée où de vieux arbres encadrent l'or mûrissant des maïs, nous avons découvert le lac charmant qu'abritent d'amoureuses collines. Au pied de l'une d'elles, des verdures s'inclinent vers le miroir bleu, par-dessus la balustrade d'une terrasse de marbre blanc. D'innombrables pavillons s'y blottissent. Une pagode les domine du haut d'un gigantesque piédestal de maçonnerie. Suivez le bord du lac : ce qui vous paraissait dispersé au gré de la fantaisie se révèle comme le plus symétrique des ensembles. Les Chinois ont compris qu'un art raffiné ne devait jamais imposer la sensation d'une loi. De loin vous admirez cette symétrie ; de près il est impossible de la sentir.

La teinte sombre de ces kiosques semble d'abord sévère ; puis il s'en dégage l'impression plus nette que c'est ici le lieu du recueillement, de la fraîcheur et de l'ombre : le Palais d'Été, une oasis sous les ardeurs torrides d'un climat toujours excessif. Ici le plaisir est dieu. Cela se lit dans le caprice des toitures, la complication des portiques, l'inutile importance du pont de marbre qui rattache à la terre un îlot de pavillons exquis, la courbure exagérée et pourtant si gracieuse de celui qui enjambe la petite rivière, à l'extrémité méridionale du lac. Et cette Jonque de Marbre, dans laquelle nous ferons tout à l'heure le plus inélégant des festins, n'est-elle pas le triomphe de l'inutile et du recherché ? — à moins que la volupté chinoise n'emprunte une intensité spéciale ou ne voie un rite nécessaire à l'intervention de l'élément perfide, et que cette petite construction saugrenue ne soit autre chose qu'un impérial bateau-fleur.

Un aimable agrégé de l'Université de Paris s'était joint à notre caravane pour jouir des facilités de passage réservées aux militaires dans ces pays troublés, de ce qu'on pourrait appeler : la revanche de l'uniforme. Il a voulu faire le tour du lac. Des ponts rompus sur la rive occidentale nous ont obligés à un circuit immense autour de champs de céréales et d'étangs de lotus. Pas une âme qui vive. Des kiosques abandonnés jaillissent des fourrés d'herbes, s'isolent parmi les nappes glauques. Des cigales chantent la splendeur de l'été. Au-dessus des arbres qui bordent le lac pointe la flèche de la pagode du palais. Et nous goûtons cette solitude, dans ce parc de contes de fée, réservé naguère aux promenades nonchalantes et aux rendez-vous d'amour des princesses aux petits pieds.

Nous avons pris une chaussée oblique, pour éviter la douzaine de kilomètres dont nous menaçait le tour complet de l'enceinte. Elle était coupée. Il nous a fallu traverser un premier canal avec de l'eau jusqu'à la poitrine, — les petites naïades jaunes ont dû rougir, — puis un autre sur une simple poutre dominant de plusieurs mètres l'eau profonde. C'était le fil tendu sur les gouffres de l'enfer musulman. J'ai passé

debout et très vite, ce qui prouve la pureté de
mon cœur ; M. P... a chevauché laborieuse-
ment, car rien n'est plus sujet au vertige que
les têtes pleines de pensées.

Après une rêverie près de cette balustrade où
s'évoquent les fées mignardes et peintes, les
robes de soie aux éclosions de fleurs, nous
avons gravi l'escalier monumental que précède,
au bord du lac, le plus étonnant portique de
briques vernissées. Le palais tout entier n'est
qu'une superposition de kiosques et de pavillons, parmi des rocailles et de fraîches grottes.
Mais quelle désolation quand on pénètre dans
ces salles jadis coquettes ! Au Palais d'Hiver, le
pillage n'avait été que le résultat d'initiatives
individuelles, favorisées par un défaut de surveillance. Ici, les Italiens ont organisé le plus
méthodique des nettoyages. Plus un meuble,
plus un vase, plus un ornement. Des murs nus
et la poussière des déménagements hâtifs. Dans
les sanctuaires épars, dans la haute pagode, on
a fouillé le sol pour découvrir des trésors imagi-
naires. Bouddhas, Confucius, empereurs, gisent,
effrités, cassés, écrasés, perdant par la blessure
des baïonnettes leurs entrailles de paille et d'ar-

gile. Là-haut, dans le joli temple qui ressemble
à un bijou de faïence et dont les briques exté-
rieures portaient chacune une statuette, toutes
les petites têtes ont été brisées à coups de crosse
comme au Pêta, et, du haut des niches où on
n'a pu les atteindre, quatre sages immobiles
contemplent les débris du grand Bouddha,
chaviré, rompu, dans la fosse creusée sous lui
par l'avidité des pillards.

Du haut de la montagne, sur le versant du
nord, on aperçoit parmi les arbres des restes de
constructions antiques. Là fut le premier Palais
d'Été, dont la destruction sauvage pèse sur la
mémoire des vainqueurs de Pa-li-kao. Cette
fois on a sauvegardé les apparences. La rapacité
a été la même, le butin pareil, mais on a laissé
l'écrin dépouillé. Depuis cinquante ans on a
fait des progrès dans la voie de l'hypocrisie,
sinon dans celle de la vertu.

Il faut se détourner de ce spectacle, s'égarer
dans les allées d'ombre où la nature a effacé les
traces de l'envahissement brutal, où elle sourit
et chante avec toutes ses fleurs et tous ses
oiseaux, comme au temps où nul barbare n'a-
vait profané cette retraite. Puis, de la terrasse

de la pagode on admirera la nappe argentée du lac, la beauté de la campagne paisible, la noblesse de cet horizon. Dans le soir qui lentement décline, on apercevra tout au loin, vers le sud-est, une muraille rose, de gigantesques tours crénelées : l'enceinte de Pékin. Et la puissance du Passé, le mystère contenu dans cette apparition d'un monde plus vieux que le nôtre, et dont nous ne connaîtrons jamais l'énigme, fera vite oublier la révolte d'un instinct contre les petitesses d'un moment.

6 septembre.

Nous avons regagné le *La Bourdonnaye*, la rade morne de Takou. Le dur service a recommencé, dans l'isolement de la terre à peine visible. Nos hommes peinent des nuits entières pour l'embarquement du matériel et des troupes qui reviennent en France. Depuis Saïgon ils ne sont pas sortis de cette prison de tôle. Des exercices et des tirs absorbent leurs journées, et le fatigant va-et-vient des embarcations et des remorqueurs, sur une mer que bouleverse le vent jaune du désert de Mongolie. Cela se termine

quelquefois par le petit drame de l'embarquement des vapeurs, hissés par quatre cents
hommes, réunis sur le pont, pour les arracher
au moment propice à la lame dangereuse qui
pourrait les briser et engloutir leur équipage.
Et il faut que ceux qui liront ces pages, en
France, sachent ce qu'est cette solitude et cette
vie. Le consciencieux correspondant de guerre
d'un journal réputé grave leur a déjà appris
que tout est terminé là-bas, que les matelots se
prélassent dans un doux farniente, que « les
officiers jouent au loto » et que « l'amiral Pottier fait des vers latins ». Certes, quand les
hommes ont passé la nuit au travail, on leur
rend le jour un peu de sommeil : c'est de l'hy-
giène et de la justice ; les équipages jouent au
loto le dimanche, de temps immémorial, sur
tous les navires de la flotte ; mais je n'ai jamais
vu dans un seul carré s'adonner à ce jeu d'ailleurs innocent, et quant à l'amiral Pottier, ce
n'est pas en chevillant des hexamètres qu'il a
achevé de détruire une santé usée au service de
la France dans une admirable carrière de marin.

V

CHIN-VAN-TAO ET SHAN-HAÏ-KOUAN

Lundi 9 septembre.

Nous sommes partis hier soir de Takou pour aller prendre contact avec la terre à Chin-van-tao.

Cinq heures du matin. Brise fraîche; temps gris. Devant nous se découpent les cimes dentelées de Mandchourie, un hérissement de pointes aiguës, qu'on dirait découpées dans du carton par les coups de ciseau maladroits d'un enfant.

Un youyou accoste. Il apporte l'enseigne M... qui commande le petit établissement de la marine, et qui nous pilote jusqu'au mouillage.

L'appontement est en ruine. La dernière

grande marée en a emporté la moitié. Sur le mamelon qui le domine, trois ou quatre nations ont planté leur pavillon. Des coolies travaillent pour réparer les dégâts.

Chin-van-tao est le port d'hiver du Pe-tchi-li et de Pékin. Quand les glaces ferment le Peïho, les courriers peuvent encore communiquer avec la terre dans la baie de Swallow. C'est pour assurer le service postal qu'une petite troupe de marins a été laissée là depuis un an. Mais un motif plus intéressé a déterminé les puissances à revendiquer chacune leur concession propre à Chin-van-tao. Le chemin de fer de Pékin à la baie de Swallow sert à l'exploitation des mines de la montagne, qui paraissent appelées au plus grand avenir. Les alliés ont eu le tort de reconnaître aux Anglais la propriété exclusive de la ligne. Maintenant, chacun s'efforce de réagir contre l'envahissement britannique. Les Russes surtout le voient d'un mauvais œil, à deux pas de la Mandchourie, dans un pays qu'ils considèrent déjà comme le leur.

Les baraquements édifiés pour nos marins par un entrepreneur chinois, sous l'œil distrait du génie, se sont écroulés sous l'effort des pluies et des torrents. M… reconstruit. C'est d'ailleurs l'occupation courante, pour ne pas dire unique, des gens qui habitent ce pays. La seule différence entre l'Européen et le Chinois est que le premier répare son mur dès qu'il se démolit et que le second attend une circonstance favorable, une bonne opération commerciale par exemple, suivie de rentrée de fonds.

Le petit établissement français, protégé par un rempart de terre, est formé de trois bâtiments à un seul étage, limitant une cour rectangulaire d'où jaillit notre mât de pavillon. A côté, ce sont les bureaux du détachement allemand. Plus loin, quatre pavillons, où rougit le Soleil Levant, encadrent un terrain vague. Les Japonais n'ont rien installé, mais ils ont satisfait leur monomanie de conquête, leur rage de s'affirmer devant les Occidentaux.

Français et Allemands sont dans les meilleurs termes. Il y a moins d'intimité avec les Anglais, dont le chef s'est faussement intitulé major pour avoir le pas sur ses collègues. C'est la même disposition d'esprit d'ailleurs, partout où les trois nations se trouvent en contact.

Nos marins sont enchantés de leur existence

terrestre. Ils cultivent des salades, chassent avec des fusils de tous les modèles pris aux Chinois, et montent à cheval à travers les marécages comme ils feraient l'exercice au bout d'une vergue. Ils aiment leur chef, brave garçon, sorti des rangs, qui connaît leurs besoins, et s'est servi pour les conquérir du même esprit de « débrouillage » qui lui a fait donner à son petit village le nom de la fille de l'amiral.

L'appontement n'étant plus accessible, nous sommes allés nous échouer au fond de la petite baie; puis nous nous sommes éparpillés dans les marais et les champs de sorgho, le fusil à la main; moins d'ailleurs pour chasser que pour reprendre avec la terre ce contact vivifiant dont les marins ont aussi grand besoin que l'Antée de la légende grecque.

La campagne est bien cultivée, coupée d'arroyos aux rives vertes, semée de villages paisibles sous des arbres vénérables. Sur les sorghos planent des oiseaux de proie : buses ou gerfauts. Çà et là s'envolent des cailles et des alouettes; un lièvre détale à travers les épis; bécassines et courlis errent au bord des marais. Nous retournons à bord avec quelques victimes.

R..., qui n'avait pris son fusil que pour la forme et n'a pas tiré, revient avec un oiseau défunt qu'il a arraché à la voracité des fourmis. C'est à rendre jaloux tous les membres de la société protectrice des animaux.

Nous apportons une nouvelle sensationnelle. Le chemin de fer ne fonctionne qu'à des heures incommodes. Ceux qui voudront aller à Shan-haï-kouan et à la Grande Muraille devront se servir de chevaux. La perspective de quarante kilomètres de « riding » décourage quelques candidats. Finalement, C... et moi partirons seuls demain.

Mardi 10.

Six heures du matin. — Temps merveilleux, mer d'huile; ciel d'un bleu léger et tendre, montagnes roses; fraîcheur exquise de prin-temps dans un cadre d'automne qui com-mence.

Deux soldats allemands, armés de pied en cap, nous attendent avec des chevaux dans la cour du village « Mayotte ». Ce sont des poneys chinois peu élégants, mais résistants, comme il convient à un corps d'infanterie montée. Les selles sont en forme de cuvette et vous obligent à une position qu'un écuyer de Saumur désavouerait. Complètement droit sur les étriers, on a l'élégance d'une pince à sucre. Mais nous ne partons pas pour le Bois.

Après un temps de galop à travers des prairies qui sentent l'herbe mouillée, il faut traverser des arroyos où nos chevaux barbotent jusqu'au ventre. Des champs de sorgho nous ensevelissent entre deux murailles jaunes. Des Boxers auraient beau jeu pour nous surprendre dans ces sentiers, en dépit des mousquetons de nos guides et de nos revolvers. Mais les Chinois que nous rencontrons sont d'une politesse charmante. Ils quittent les gerbes de maïs qu'ils sont occupés à lier, pour nous faire des saluts militaires d'une correction germanique. Nos Teutons ne savent pas un mot de français. C... fait vainement appel au souvenir de multiples bonnes allemandes ; nous en sommes réduits à correspondre par signes.

Dans les villages, on nous regarde avec une curiosité mêlée de je ne sais quelle inquiétude, qui pousse les enfants à se réfugier dans le sein maternel et les chiens à tête de loup à aboyer lugubrement. De mare en mare, d'arroyo en arroyo, nous arrivons au bord d'une rivière torrentueuse, qu'enjambe à travers des bancs de gravier le pont de la voix ferrée.

Au nord, une barrière de montagnes dessine ses gorges et ses pics dénudés. Quelques bouquets d'arbres révèlent des pagodes. Un ruban se déroule de la plaine au sommet et s'éloigne de crête en crête : la Grande Muraille.

Depuis deux mille ans elle se dresse entre la Chine sédentaire et pacifique et les Tartares nomades et guerriers. Le temps a usé les pierres, des plantes poussent entre les briques disjointes, des tours se sont écroulées : le flot humain qu'elle devait retenir a rompu sa digue en plusieurs points : là, elle est devenue colline. Mais aux portes des camps retranchés où s'abritaient les troupes de défense, sur les pentes abruptes et dans la solitude des montagnes, elle reste fièrement, comme un témoin gigantesque des temps révolus, comme une immuable attestation de la grandeur antique de la Chine et de la puissance de ses empereurs. C'est Tsin-che-Hoang-ti, le père de la dynastie des Tsin, qui a ordonné cette œuvre, auprès de laquelle les pyramides d'Égypte sont des jeux d'enfant. Sa construction dura dix ans, de l'an 214 à l'an 205 avant Jésus-Christ. D'après la tradition, plusieurs millions d'hommes de toutes les provinces y furent employés, et quatre cent mille y périrent. Moung-tien, général de Tsin-che-hoang-ti, en aurait dirigé et surveillé les travaux avec une armée de 300.000 hommes. Les Chinois l'appellent : « Ouan-li-tch'ang-tch'eng », muraille des 10.000 li.

D'après les livres anciens, six cavaliers pouvaient y passer de front, et les tours n'étaient pas éloignées de plus d'un jet de flèche. On peut la suivre actuellement de Shan-haï-Kouan à Kalgan. Elle n'est pas partout d'une égale épaisseur. Aux passes de Nan-Kéou, de Kalgan, de Kou-pe-Keou, et de Shan-haï-Kouan, elle atteint ses proportions les plus grandioses et se complique d'un système de forts et de camps retranchés.

A Shan-haï-Kouan, nous sommes aux Thermopyles de la Mandchourie. Les grandes invasions, spécialement celle de Gengis-Khan, ont eu lieu par Nan-Kéou ; mais ce sont les Tartares orientaux qui ont de tout temps été les plus turbulents. Aussi la Grande Muraille s'appuyait-elle ici sur un vaste camp. Elle s'avançait jusque dans la mer.

Nous avons trouvé un gué près du pont. Après avoir secoué l'eau de la rivière dans une galopade effrénée, nous avons atteint les remparts crénelés de la ville. Ils paraissent très anciens ; et cette sensation d'antiquité ne diminue pas quand on les franchit. Avec ses masures de bois en ruines, sa population pouilleuse, son marché en plein vent où s'étalent des fruits, des poissons, des peaux, des fritures, des pâtes multicolores et des animaux saignants, au milieu d'une saleté et d'une confusion célestes, Shan-haï-Kouan vous transporte à plusieurs siècles en arrière, dans le camp des hordes tartares de Gengis ou de Batou.

C'est contre les Russes que sont dirigées les défenses actuelles de la place. Elles se composaient, avant le débarquement des troupes alliées, de forts modernes et puissants, reliés entre eux par la Grande Muraille. Ces forts s'appellent maintenant le fort Pottier, le fort

Voyron, etc.; des « diables d'occident » y montent la garde. Un certain nombre de Krupps et d'Armstrongs sont allés armer les batteries de Port-Arthur ou de Weï-ha-weï. Une des clauses du traité soumis à l'empereur est la démolition des défenses de Shan-haï-Kouan.

Une jolie route, bordée de vieux arbres, nous a conduits vers le mamelon que domine le pavillon français du fort Pottier. Une compagnie d'infanterie coloniale l'occupe. Les trois autres compagnies du bataillon logent dans des villages militaires improvisés.

Le commandant Y... nous accueille d'une façon charmante. En attendant l'heure du déjeuner nous gravissons le talus du fort. L'immense plaine déroule à nos yeux ses champs, ses bois et ses villages, jusqu'aux pieds des montagnes qui barrent la moitié de l'horizon. Tout est frais et vert; un air vivifiant dilate la poitrine, parfumé des senteurs salines de la mer. A deux kilomètres, sa nappe bleue vient mourir sur la plage sablonneuse. Les alluvions de la rivière que nous avons franchie ce matin ont reculé le rivage vers son embouchure, formant un petit port où des jonques se balancent. Près d'elles une pagode se blottit dans un bois sacré. C'est la pagode Waldersee, naturellement occupée par les Allemands. Vers le sud-ouest, très loin, un point blanc éclate sur la mer plus bleue : le *La Bourdonnaye*.

Ce soir nous serons là-bas, nous partirons avec lui. Elle est bien éphémère, la liberté dont nous nous grisons dans la fraîcheur de cette verdure brodée de milliers de fleurs.

Nous ne sommes pas les seuls à partir. Le bataillon d'infanterie coloniale est sur le point de rejoindre le Tonkin. Les officiers comme les soldats regrettent leur indépendance et ce climat dont ils n'ont connu que les trois mois d'un été charmant. Mais la campagne est finie. Tout à l'heure, dans un joli kiosque en dentelle de bois, nous ferons un déjeuner exquis, en savourant l'air pur qui pénètre à flots avec le soleil et les chants d'oiseaux par les fenêtres grandes ouvertes; et nous causerons de notre armée avec ces officiers jeunes et vibrants, qui l'aiment pour l'avoir conduite au feu, pour avoir versé leur sang avec elle en Afrique, au Tonkin, en Chine, et qui en sont fiers pour l'avoir vue soutenir victorieusement la comparaison, toutes les fois qu'une opération de guerre les a mis côte à côte avec les troupes alliées. Dans une colonne, vers Kalgan, l'artillerie allemande n'a pu franchir un obstacle. Les nôtres sont passés avec leurs pièces de 120. « On leur avait dit : Les Allemands ont échoué, il faut réussir ; ils auraient fait n'importe quoi, » dit le commandant. Et c'est bien français.

Nos troupes coloniales, qui sont loin d'être des troupes de parade, avaient pour cette guerre en pays inconnu un entraînement supérieur. Les alliés l'ont reconnu. Les Allemands n'ont jamais voulu opérer avec nos marsouins. Leur infanterie n'en avait ni l'endurance ni l'agilité. Ici c'est encore avec les jambes que l'on fait la guerre.

En revanche, si notre intendance a merveilleusement fonctionné relativement aux autres nations, nos soldats étaient les plus mal traités au point de vue du costume, du confortable et des moyens de transport. Notre infanterie montée n'avait que des rossinantes, les Allemands les meilleurs chevaux. Il est vrai que nous achetions, là où ils prenaient sans payer, pour revendre ensuite. La guerre est la guerre. Mais, dussions-nous la faire sans souliers, il n'y a pas à regretter de nous être conduits une fois de plus comme les plus civilisés et les plus humains. Grâce à Dieu, ce rôle a été souvent celui de la France.

Le commandant Y... a eu l'épaule fracassée au Dahomey. Il vient de passer quatre ans à Madagascar. A peine a-t-il touché le sol natal avant de repartir pour la Chine. C'est une carrière bien remplie. Je l'envie, en songeant à la régularité sans émotion de notre existence. Il y a des moments où ce serait si réconfortant de penser que l'on risque quelque chose.

Notre hôte nous montre son installation, dans le bâtiment qu'habitait il y a quelques mois le général tartare. Ce brave guerrier, momentanément retiré des affaires, est venu l'autre jour faire une visite à son héritier accidentel. Il a manifesté l'admiration la plus sincère pour les transformations effectuées dans son logement. « Jamais ce n'avait été aussi bien de son temps. » Ces gens-là n'ont vraiment pas de fiel.

Par la Grande Muraille, qui domine la plaine

de Mandchourie, et, de ce côté, descend à pic sur un fossé plein d'herbes, nous avons gagné le fort voisin. Il est occupé par les Italiens. Les officiers du *Vesuvio* nous ont reçus le plus aimablement du monde. A l'air de satisfaction répandu sur leurs visages, j'ai constaté une fois de plus que la marine ne se sent vraiment dans son élément qu'à terre.

Nous rassemblons nos chevaux et nos guides. En route pour Chin-van-tao. Notre escorte est un peu grise. Un chemin oblique nous fait gagner la mer. Ainsi nous ne nous égarerons pas. Après une galopade sur la dune, pendant laquelle il a fallu modérer un peu sèchement l'excitation de nos Allemands, nous atteignons un arroyo où les chevaux manquent de s'enlizer. Enfin voici un gué. Une demi-heure plus tard, la baleinière nous emporte sur la mer calme, vers le *La Bourdonnaye*, qui fume, prêt à partir.

C'est fait. Le soleil descend sur les cimes noyées de rose. Les ors verts du couchant, que l'onde reflète en les atténuant jusqu'à d'indéfinissables tendresses de couleur, suggèrent l'idée de lointains infinis, de pays mystérieux et doux, vers qui nous fait aspirer une nostalgie presque douloureuse, de rivages bénis où d'autres que nous aimons goûtent cette douceur d'aimer que nous ne connaîtrons jamais par elles... Et voici que je trouve soudain à ce soleil couchant quelque chose d'hivernal et de désolé. Il me semble que j'ai le cœur pris dans une banquise. Est-ce la vieillesse qui vient?...

Mercredi 11 septembre.

Six heures du soir. Calme plat sur cette rade sans limites de Takou. Le soleil plonge dans la nappe bleue, laissant derrière lui une traînée sanglante. Quelques étoiles se risquent dans la buée mauve de la nuit qui monte. Tous les navires sont tournés vers l'ouest, vers ce ciel rouge qui saigne. Ils semblent regretter je ne sais quoi d'invisible et de perdu, là-bas, bien loin...

... Un petit oiseau, qui volait à tire-d'aile, s'est heurté à un hauban et est tombé à mes pieds. Je l'ai relevé. Il ne bouge plus. Est-il mort où seulement étourdi? Pauvre petit! il allait vers un but trop désiré; il n'a pas vu l'obstacle. Je l'ai gardé un moment dans ma main, puis je l'ai posé sur un lit de ouate, en attendant qu'il se réveille. Une heure après il était froid. Je l'ai abandonné à la mer.

N'est-ce pas l'image de certains rêves ?

Samedi 14.

Embarqué M. N..., ministre plénipotentiaire, sa femme, son baby, ses malles et ses domestiques, sans compter un général, son officier d'ordonnance et deux consuls. La marine de guerre a une tendance à devenir une compagnie de navigation au service des diplomates. Bienheureux quand on ne nous met pas aux ordres des étrangers. Le *Champlain* est resté huit jours en partance, attendant le bon plaisir de M. R...., ministre d'Amérique, qui finalement s'est décidé pour un autre... paquebot. En matière internationale, la galanterie risque vite de prendre les allures de la servilité.

Dimanche 15.

L'amabilité et la vivacité d'esprit de Mme N...

triompheraient, s'il était possible, de mes préjugés contre l'utilisation postale d'un croiseur. Elle a une grâce souple qui repose l'œil, après ces longues semaines de cloître ou d'exil, loin de toute élégance. Sa robe rose a un instant adouci l'austérité de la passerelle, puis nous nous sommes enfoncés dans la nuit bleuissante, et ma pensée est partie pour ailleurs.

VI

WEÏ-HA-WEÏ — TCHE-FOU

Lundi 16 septembre.

Weï-ha-weï. — Une petite rade, bordée de montagnes nues, qui ressemblent à des dunes dont le sable serait devenu rocher en vieillissant. C'est si vieux, cette Chine! Mais cinq bateaux anglais, des plus modernes, sont là pour affirmer que les plus vieilles choses sont susceptibles d'une adaptation contemporaine, surtout quand la pratique Albion y met la main. Salves, visites, marseillaises, champagne, congratulations officielles toute la journée.

A cinq heures, le *Champlain* emporte nos passagers. *God save the King, Marseillaise,* etc. Les observatoires leur annoncent un voyage amer.

Mardi 17.

Agapes franco-anglaises à bord du *La Bour-donnaye*. Les officiers que nous recevons sont choisis et parlent tous un peu français. Ils sont fort aimables. La cordialité qui règne ici a sa source dans les liens d'amitié déjà anciens de nos deux amiraux. A voir la haute stature et l'air florissant de la plupart des commandants anglais, on constate une fois de plus que la santé est le premier élément d'une carrière maritime.

Le commandant de *l'Océan*, M. Curzon, est adoré de ses subordonnés. Il jouit, dans l'escadre, d'une réputation merveilleuse de bonté. Il vient de passer contre-amiral, et va quitter son bateau. Tous veulent le suivre. Sa promotion n'étant pas encore officielle ici, il n'a pas le droit d'arborer son pavillon. Mais l'amiral l'a fait saluer de onze coups de canon, et cette attention délicate l'a touché profondément.

… A cinq heures nous entrons dans la rade de Tchefou. Je reconnais les montagnes que le soir drape de mauve, la petite pagode sur la

colline de Yen-taï, le toit du modeste hôpital
où je fus soigné jadis avec tant de dévouement.
Et puis je vais retrouver ici des amis très chers,
et ceux qui n'ont jamais souffert de la solitude
à des milliers de lieues ne peuvent pas conce-
voir cette joie.

Ce n'est pas sans peine qu'on les découvre,
d'ailleurs, après un branle-bas nocturne à la
mission où l'évêque reconnaît à peine « Monsieur l'amiral », et un étonnant pèlerinage à
travers les sables de la plage où nous guide la
lanterne d'un boy. Reconnaissance mouvemen-
tée dans l'ombre, à l'entrée d'un boarding-
house, et soirée charmante, tandis que de merveilleuses étoiles se mirent dans la mer calme,
et que le clair de lune baigne la campagne silencieuse.

Samedi 21 septembre.

Nous avons gravi la montagne, en bande
joyeuse. Elle est presque déserte. Çà et là, de
vieux murs qui serpentent, des tours en ruine.
Des sommets l'œil plonge sur des vallées sauvages, sur la mer bleue à des distances infinies.
Le *La Bourdonnaye* n'est qu'un point blanc

perdu. Pourtant, cette petite épave pourrait nous ramener en quelques semaines vers l'Europe, vers ceux que nos regrets évoquent chaque jour... Les chiens de la ville chinoise nous témoignent la plus féroce hostilité. L'instinct des animaux leur révèle sans doute que, dès l'origine, la terre a été divisée entre les races; les empiètements de l'une sur les domaines de l'autre choquent l'homme juste qui sommeille dans le cœur de tout chien.

Lundi 23.

Musique militaire à l'orphelinat. Les petites Chinoises, alignées, écoutent avec un pieux ahurissement les débauches de cuivre que dirige M. Bacino. Je retrouve les chères franciscaines blanches, la mère D... dont la voix sonore révèle l'enveloppe marseillaise d'un cœur d'or, la petite supérieure, si vive, qui ne se console pas d'avoir jadis manqué le martyre dans une province éloignée, et la mère X... dont la figure un peu fanée garde des traits d'une finesse et d'une pureté classiques. Saintes filles, toujours douces et bonnes, bornant leur horizon à ce coin de terre où s'exerce leur dévouement : cette puissance de maternité que toute femme conserve au meilleur de son âme, même sous le voile de la virginité éternelle. Comme j'envie leur foi profonde et leur douceur !

Mardi 24.

Un drame dans un boarding-house. Mme Clarkson nous regarde de travers. Aurions-nous manqué de bienveillance pour ses harengs saurs, ses saucisses d'Allemagne ou ses éternelles « potatoes » ? Nous accuse-t-elle d'incorrection parce que nous arrivons souvent en retard à la table qu'elle préside ? C'est une prétention bien anglaise des propriétaires de boarding-houses d'être considérées comme des maîtresses de maison par leurs locataires. Ce qu'on leur paie, c'est moins le restaurant ou l'hôtel qu'une invitation à jouir du home familial. Toujours est-il que le sourire a déserté ses joues roses, et que ses épaules n'arborent plus des corsages bleu de ciel. Une interdiction sévère nous est même faite par voie d'affiche de fumer dans son salon.

Après avoir essayé par quelques prévenances de la ramener à de meilleurs sentiments, nous changeons complètement de procédé. Nous invitons un ingénieur russe et sa femme, nous nous barricadons dans le salon, et nous jouons du piano jusqu'à onze heures, dans une fumée de corps de garde.

Vendredi 27.

Depuis plusieurs jours nous ne quittons plus l'île de Kung-tung-tau. La rade retentit du bruit sourd des obus et du sifflement des balles. La compagnie de débarquement pivote comme une toupie d'Allemagne, et certaines figures ressemblent à des carapaces de homards cuits.

Pour distraire les hommes, on les conduit ce soir pêcher à la senne. Deux fois jetée, elle se roule deux fois, et nous ne ramenons qu'un petit poisson fort joli, aux écailles rutilantes comme un coucher de soleil.

Mardi 1ᵉʳ octobre.

Depuis deux jours une tristesse et une inquiétude pesaient à bord, que la préoccupation des exercices de tout genre ne parvenait pas à dissiper. Le docteur G..., à l'hôpital depuis notre mouillage, semblait perdu. Ce matin, au moment où nous partions pour un exercice de débarquement, un pli est arrivé. Le pavillon du consulat était en berne. Le docteur est mort cette nuit; il s'est éteint doucement, sans s'en apercevoir, pendant son sommeil.

A quatre heures, l'amiral rentre à bord. Il est désolé. Sur ses traits se lisent les fatigues d'une nuit de veille. Il vient nous trouver. On sent qu'il a besoin de parler à des amis et de leur parler du mort. Il le fait avec toute l'émotion que cet homme très bon peut éprouver en parlant d'un ami très bon aussi, dont les dernières paroles ont été toutes de douceur et de délicatesse, et qu'il se reproche d'avoir fait venir dans ce pays fatal.

Devant ce deuil, l'isolement et la distance font chez tous l'émotion plus profonde, avivent les blessures du souvenir. C'est un énergique qui murmure avec un intraduisible accent de tristesse : « Et dire que lui tenait peut-être à la vie! »

Mercredi 2.

Les obsèques ont eu lieu ce matin. Toute la compagnie de débarquement rendait les honneurs. La musique jouait cette admirable marche funèbre de Chopin. Le soleil brûlait. C'était une de ces journées d'été ardentes, qui évoquent l'idée de mort par la torpeur qu'elles jettent sur les êtres. Nous sommes passés lentement devant les Chinois silencieux. Nous nous sommes rangés dans le petit cimetière où dorment des religieux et des religieuses victimes de leur dévouement à la foi, des marins morts au service de la France. On a descendu le corps dans la fosse, et l'amiral a essayé de nous dire combien celui qui nous quittait avait été bon, combien il était aimé et serait pleuré dans sa paroisse de Locmariaker, là-bas, au fond du Morbihan. Mais l'émotion lui a coupé la parole.

... Ce soir, sur la dunette, nous regardons le soleil descendre lentement sur les montagnes de Tchefou. Les montagnes sont violettes, la mer mauve, rayée de reflets d'acier ; le ciel a des nuances crues qui disent l'hiver prochain. Un frisson nous saisit quand la nuit tombe.

Vendredi 4.

Nous avons appareillé hier soir pour Takou. Mer énorme. Le *La Bourdonnaye* tangue et roule lourdement. De petites jonques fuient devant le temps, sous un chiffon de toile. Le vent s'acharne rageusement dans nos cordages.

Vers onze heures, je suis réveillé par des cris déchirants. Sensation que des hommes sont tombés à la mer et qu'ils appellent désespérément, dans la nuit, dans l'épouvante de la mort. Cela grandit, puis, brusquement, devient très lointain, comme balayé par une rafale. On dirait des grincements de poulie et des cris de goélands. Ce n'est rien, c'est la mer. Elle a parfois, sous le vent qui la fouette, de ces clameurs désespérées, comme si tous ceux qu'elle a engloutis se levaient pour appeler ou maudire les vivants qui passent.

A minuit, je prends le quart. Clair de lune blême sur le chaos des lames. Un feu brille au loin : bateau, qui fait une route difficile a défi-

bois s'alignent dans une enceinte rectangulaire. Ils sont destinés à la pagode que l'on y construit : une grande salle blanche sans piliers, dont le triple toit cornu se hérisse de pointes en proue de gondole. Norodom aurait l'intention de réunir là les innombrables talapoins de Pnom-Penh. Mais on travaille depuis des années et le séminaire n'avance pas. De temps en temps le roi va jeter un coup d'œil, fait appeler le directeur des travaux et le menace de la cadouille. On ajoute précipitamment quatre moellons, puis tout le monde se rendort.

« Ah le joli petit animal ! » C'est l'éléphant blanc dans sa loggia. L'incarnation du Bouddha est d'un gris terne plutôt sombre, parfaitement hideuse et galeuse. L'animal a les pieds enchaînés. Il est fort bien fait comme éléphant, mais il a un caractère détestable. Des esclaves à genoux lui font manger des bananes. Les assistants sont à genoux. L'appétit divin ressemble fort à de la gloutonnerie. Allons méditer sur ce problème religieux au bord des étangs calmes où le soir descend, sur les allées de terre rouge où se promènent, graves et lents, les éléphants du monarque d'Asie.

Aimez-vous la terrible drogue que Baudelaire vanta par snobisme, que Thomas de Quincey aima jusqu'à la frénésie, — avec quelle splendeur poétique! — et qu'un certain nombre de jeunes officiers fument jusqu'au plus parfait aveulissement dans le moins approprié des décors? Si oui, tâchez de vous faire inviter par Ly-è-ke. C'est un grand seigneur chinois, ami de Norodom, qui l'appelle souvent pour se livrer avec lui à quelque débauche d'opium. Après d'interminables salamalecs et des compliments pleins de suavité, vous serez introduit dans une petite salle ornée de Kakemonos, où le double lit de marbre aux incrustations de nacre prend des allures d'autel. Vous vous étendrez sur ces duretés, que le rêve doit changer tout à l'heure en mollesses voluptueuses. Un jeune esclave s'allongera en face de vous pour préparer les pipes, un autre agitera sur votre tête un de ces grands éventails de plumes, comme on en figure inévitablement dans les rencontres de Salomon avec la reine de Saba; et, au bout de quelques minutes, si vous soulevez vos paupières alourdies, vous vous apercevrez que votre hôte ressemble à crier à un Léon XIII affreusement jauni. Cette constatation ne manquera pas de vous paraître en la circonstance d'un caractère assez piquant.

Peu à peu vous perdrez la sensation du poids de votre dépouille mortelle, cependant qu'avec des gestes vagues vous absorberez des mangues confites et du thé exquis. Puis on vous portera avec des précautions infinies dans une vaste salle fraîche, dont l'architecture vous préparera à l'apparition de la Salomé de Gustave Moreau. Ce ne sera pas tout à fait la fille d'Hérodiade qui s'avancera dans un scintillement de pierreries, mais toute une théorie d'étranges créatures aux sourcils peints et à la bouche rouge, coiffées de tiares aiguës, étranglées dans des corselets gemmés, et faisant sonner dans des ondulations de couleuvres les anneaux d'or de leurs chevilles et de leurs poignets. Pendant ce temps une indicible musique déroule des plaintes mineures qui semblent venir du fond du passé, traduire toute la mélancolie de ces races trop vieilles, je ne sais quelle tristesse sans espérance, au sein d'une volupté mortelle que notre Occident ne connaît pas. Et comme vous flottez sur des nuages, que tous les sons vous arrivent feutrés et berceurs, que tous les gestes des danseuses ont des lenteurs de caresse, vous finissez par perdre conscience de toutes choses, du lieu et de l'heure, de Ly-è-ke et de ses esclaves; vous fuyez vers un monde surnaturel, où tous ces masques pâles s'allongent, s'ovalisent, s'idéalisent, évoquent dans une lumière douce comme un baume d'autres visages lointains, très purs et très chers, et que vous n'espériez plus revoir.

Et vous ne comprenez pas comment il se fait que, dans la nuit étoilée, vous soyez assis au bord du fleuve calme, sous les girofliers et les bananiers, la tête un peu lourde du parfum puissant des tiampas.

Surtout n'allez pas conclure de ce qui précède que je suis un fumeur d'opium; il faut faire trop bon marché de la lucidité de son intelligence et des responsabilités d'une carrière de marin pour se livrer de gaîté de cœur à cette dangereuse passion.

Je me suis endormi sur le bateau qui devait me reconduire à Saïgon. Quand je me réveille, j'ai pour compagnon de cabine un gigantesque et noble Polonais. Il est dans les douanes du

Cambodge, parce que sa famille a contrarié son projet de se faire musulman pour entrer dans l'armée turque. Il n'en est pas encore consolé. Je n'ai pas besoin de vous dire que c'est un charmant garçon.

VI

SAÏGON

Février.

Après cette diversion cambodgienne, l'hiver de Saïgon nous a repris. Un hiver dont les étés de France ne sauraient donner une idée. Il ne pleut pas. Les grains du soir ont cessé. Le soleil règne sur les plaines vertes où le fleuve se traîne parmi les marais. Chaque soir, le tout Saïgon parade sur l'allée rouge de l'Inspection : femmes flétries par l'âge ou le climat, jeunes filles sans fraîcheur et sans élégance, quelques-unes teintées de sang noir. Les administrations coloniales sont envahies par les nègres. Rien qui repose l'œil ou excite l'imagination.

Le soir on se presse dans le théâtre neuf. La

salle est gaie et claire, l'uniformité des vestons
et des smokings blancs augmente cette gaîté ;
mais il n'y a que des hommes, et la troupe, meilleure que dans la plupart de nos petits théâtres
de province, est impuissante à donner une véritable sensation d'art. Parfois un bal révèle
quelques jolies femmes ; mais où sont l'esprit
et la grâce plus belle encore que la beauté?
L'amabilité des autres ne suffit pas à racheter
leur laideur. Cependant, un soir, j'ai aperçu
une silhouette charmante. Une vraie jeune
femme, celle-là, parce qu'hier elle devait être
une vraie jeune fille. Sa robe blanche gardait
encore les aimables reflets du satin sacramentel.
Que sera-t-elle devenue après deux ou trois ans
de ce climat !

Saïgon est une ville morte, morte de chaleur,
ensevelie dans la torpeur de ses marais, où le
soleil chauffe des miasmes étranges, des éclosions de pourriture et de fièvre. Elle se réveille
la nuit pour cette fête du Tet qui la transforme
en une immense salle de jeu ; mais c'est là une
excitation chinoise, impuissante à secouer notre
léthargie.

L'écrasement de la température, la sensation

de la pauvreté de cet éternel féminin dont on garde toujours une vague nostalgie, fait les heures plus lentes, plus vides, plus découragées. Les forces s'épuisent dans l'insuffisance du sommeil. Aux heures chaudes du jour la sieste est un supplice. La nuit, à l'heure où l'on sent venir le sommeil, un odieux bourdonnement vous fait bondir, et c'est une chasse souvent longue dans tous les replis de la moustiquaire, avant d'avoir pu détruire l'hôte insupportable et affamé.

Peu à peu toute énergie vous abandonne. J'ai retrouvé sous les grands arbres, dans la solitude des jardins et des arroyos dorés par les couchers de soleils ardents, dans mes rêveries au-dessus du fleuve roulant des clartés lunaires, les souvenirs et les détresses d'anciens séjours. Mais la terre natale est plus lointaine, et plus profonde la lassitude.

Il y a quelques jours, j'étais parti pour un matinal tour d'Inspection, avec la compagnie de débarquement. Passée la voûte noire des arbres, passé le jardin botanique où flottaient des odeurs lourdes de fleurs endormies, nous nous sommes lancés à travers la platitude de la campagne, au moment où le jour tropical se levait avec sa particulière soudaineté. A l'occident encore d'un bleu profond, au-dessus des arroyos et des forêts, la lune ronde et pure se suspendait, comme une dernière lampe de la nuit. Des oiseaux chantaient dans la verdure mouillée, des attelages de bœufs minuscules passaient, et des Annamites en salacco pointu, et des femmes dont le corps souple se devinait sous l'étoffe légère des robes fendues. J'avais excité les hommes à chanter, et ils avaient enlevé vivement la première moitié de la promenade. Après la halte, près de Gya-dinh, je m'étais perdu dans mille pensées qui n'avaient rien de militaire, tout en continuant de marcher d'un pas automatique et rapide; mais il a fallu traverser un kilomètre de route sous les rayons rasants du soleil, et le silence des bouches desséchées m'a réveillé. La colonne s'allongeait, semant des traînards. Alors j'ai senti que j'appartenais à ces hommes, que leur énergie dépendait de la mienne, et quelques paroles leur ont rendu l'entrain primitif. Mais, comme nous approchions de la ville, sous les charmilles sombres, un délicieux parfum d'acacias et d'orangers nous a saisis. Les grappes rouges et mauves des bougainvilléas retombaient sur des bosquets touffus où les villas paisibles s'ensevelissaient ; et voici que s'est évoquée la Méditerranée lointaine, les routes fleuries de Cannes et de Nice, le merveilleux printemps de là-bas, les visages qui l'illuminaient ; et, comme au jour de l'appareillage, j'ai senti la nostalgie amère, un indicible regret de ces vaines douceurs. Pourtant je les ai quittées volontairement parce qu'il m'en était resté plus de tristesse que de joie. Mais, pour les éternels déracinés que nous sommes, l'illusion s'exerce dans le passé autant que dans l'avenir : peut-être même davantage, car si je me demandais aujourd'hui quel écho soulèvera en moi dans un an et demi la réalisation de ce rêve, je ne suis pas sûr qu'il ne se résumerait pas dans la parole de tous les découragements et de tous les scepticismes, dans cet : « A quoi bon ! » auquel peut seule répondre une voix qui n'est pas de la terre.

TABLE

TABLE

TROISIÈME PARTIE

AU JAPON

QUATRIÈME PARTIE

DU YANG-TSE AU MÉ-KONG

Achevé d'imprimer

le vingt-huit septembre mil neuf cent cinq

PAR

ALPHONSE LEMERRE

6, RUE DES BERGERS,

A PARIS

www.ingramcontent.com/pod-product-compliance
Lightning Source LLC
LaVergne TN
LVHW051955060726
842528LV00002B/312